Andere uitgaven bij Van Haren Publishing

Van Haren Publishing (VHP) is gespecialiseerd in uitgaven over Best Practices, methodes en standaarden op het gebied van de volgende domeinen:
- IT en IT-management;
- Enterprise-architectuur;
- Projectmanagement, en:
- Businessmanagement.

Deze uitgaven zijn beschikbaar in meerdere talen en maken deel uit van toonaangevende series, zoals *Best Practice, The Open Group series, Project management* en *PM series*.

Op de website van Van Haren Publishing is in de **Knowledge Base** een groot aanbod te vinden van whitepapers, templates, gratis e-books, docentenmateriaal etc. Ga naar www.vanharen.net.

Van Haren Publishing is tevens de uitgever voor toonaangevende instellingen en bedrijven, onder andere: Agile Consortium, ASL BiSL Foundation, CA, Centre Henri Tudor, Gaming Works, IACCM, IAOP, IPMA-NL, ITSqc, NAF, Ngi, PMI-NL, PON, The Open Group, The SOX Institute.

Onderwerpen per domein zijn:

IT en IT-management	Architecture (Enterprise en IT)	Project-, Programma- en Risicomanagement
ABC of ICT™	ArchiMate®	A4-Projectmanagement
ASL®	GEA®	DSDM/Atern
CATS CM®	Novius Architectuur Methode	ICB / NCB
CMMI®	TOGAF®	ISO 21500
COBIT®		MINCE®
e-CF	**Business Management**	M_o_R®
ISO 17799	*BABOK® Guide*	MSP™
ISO 20000	BiSL®	P3O®
ISO 27001/27002	BRMBOK™	*PMBOK® Guide*
ISPL	EFQM	PRINCE2®
IT-CMF™	eSCM	
IT Service CMM	IACCM	
ITIL®	ISA-95	
MOF	ISO 9000/9001	
MSF	Novius B&IP	
SABSA	OPBOK	
	SAP	
	SixSigma	
	SOX	
	SqEME®	

Voor een compleet overzicht van alle uitgaven, ga naar onze website: www.vanharen.net

Informatieanalyse voor Engineering en Management van Requirements

Wiel Pollaert

Van Haren
PUBLISHING

Colofon

Titel:	Informatieanalyse voor Engineering en Management van Requirements
Auteur:	Wiel Pollaert
Tekstredactie:	Harry Ousen
Uitgever:	Van Haren Publishing, Zaltbommel, www.vanharen.net
ISBN Hard copy:	978 94 018 0029 7
ISBN eBook:	978 94 018 0586 5
NUR:	**982** / 992
Druk:	Eerste druk, eerste oplage, november 2015
Lay-out en DTP:	CO2 Premedia, Amersfoort – NL
Copyright:	© Van Haren Publishing, 2015

Voor verdere informatie over Van Haren Publishing, e-mail naar: info@vanharen.net

Voorwoord

Dit boek geeft een overzicht van een breed werkterrein dat zich voor een deel afspeelt in de staande organisatie, ofwel de business, en voor een ander deel in de definitiestudie of het vooronderzoek in projecten. Het centrale thema is procesverbetering. Om dat te kunnen bereiken zullen we inzicht moeten hebben in de huidige situatie van de organisatie. Daarnaast moet bekend zijn welke strategische doelen de organisatie voor ogen heeft voor de bedrijfsvoering als geheel, en welke requirements voor de business daaruit voortvloeien. Om goed te kunnen functioneren in dit werkgebied is een gedegen kennis van de business nodig, en een ICT-achtergrond om te kunnen adviseren over ICT-ondersteuning in bedrijfsprocessen. In dit boek bespreken we de meest gangbare technieken die daarbij worden gebruikt, maar we gaan vooral in op de achterliggende concepten, en minder op de technieken zelf.

In sommige organisaties wordt de grens tussen de werkterreinen van businessanalisten en informatieanalisten niet scherp getrokken, andere organisaties doen dat wel. In organisaties waarin businessanalyse en informatieanalyse gescheiden zijn, zal de businessanalist zich vooral richten op de beschrijving van de requirements op basis van de businessprocessen en zal de informatieanalist zich vooral richten op datamodellering en het leggen van een brug naar ICT-toepassing. Beiden moeten elkaars producten kunnen begrijpen en interpreteren: het model van businessprocessen dat de businessanalist opstelt, wordt aangevuld en geverifieerd door de informatieanalist, terwijl het datamodel dat de informatieanalist opstelt, wordt aangevuld en geverifieerd door de businessanalist. Als businessanalyse en informatieanalyse in één functie verenigd zijn, zal de analist beide gezichtspunten in kaart moeten brengen, in onderlinge samenhang; hij kan dat niet aan anderen overlaten. In dit boek gebruiken we de afkorting 'Bia' voor businessinformatieanalist (Business Information Analist).

Dit boek is primair voor Bia's bedoeld. Het is ook geschikt voor informatieanalisten, businessanalisten, business process managers en businessconsultanten. Informatiemanagers, functioneel ontwerpers, ERP-consultants en webdesigners kunnen de inhoud van dit boek goed gebruiken om de producten die de Bia oplevert beter te begrijpen, en daarnaast te kunnen verifiëren en toetsen. Het boek is ook bedoeld voor studenten in het hoger beroepsonderwijs, met name in de studies Informatica, Informatiedienstverlening en -Management, Informatiekunde, Information Engineering en Bedrijfskundige Informatica.

De onderwerpen in dit boek beschrijven het werkterrein van de Bia vanuit de ervaringen die ondergetekende in de praktijk heeft opgedaan bij onder andere banken, verzekeraars, zorginstellingen en productiebedrijven, van MKB tot multinational bedrijven. Trainingen die hij gaf in businessanalyse, informatieanalyse, requirementsanalyse en UML (Unified Modeling Language) stonden eveneens aan de basis. De vele gesprekken en discussies met oud-collega's in het bedrijfsleven en met cursisten in trainingen bleken erg waardevol te zijn bij de totstandkoming van dit boek. Daarom is dit boek in wij-vorm geschreven.

Daarnaast spreken we soms over 'bedrijf' waar ook 'organisatie' gelezen kan worden, en over 'behoeften' waar ook 'requirements' gelezen kan worden.

De ontwikkelactiviteiten in de hoofdstukken 2 en 3 wekken wellicht de indruk dat het een lineaire aanpak betreft, terwijl iteratief/incrementeel meer gangbaar is (de uitleg daarover volgt in hoofdstuk 1). In dit boek speken we geen voorkeur uit voor een van beide benaderingen. Als iteratief/incrementeel wordt gewerkt, wordt de cyclus van activiteiten meerdere keren doorlopen, maar wel steeds in de aangegeven volgorde. Bij de lineaire aanpak wordt de cyclus één keer doorlopen.

We hebben er bewust voor gekozen om de nadruk te leggen op volgorde van activiteiten en producten die daaruit voortvloeien, los van de frequentie waarmee de activiteiten worden doorlopen. Zo kunnen we de elkaar opvolgende stappen en de overgangen van het ene naar het andere modeltype duidelijk laten zien.

We willen er verder op wijzen dat alle onderwerpen in het boek toepasbaar zijn voor elk soort organisatie. Een product kan ook een dienst zijn die de organisatie levert. Een term als Lean manufacturing bijvoorbeeld slaat in een productiebedrijf op het efficiënter maken van de productie van een (discreet) product, in een ziekenhuis op het efficiënter behandelen van een patiënt.

Tot slot, voor de leesbaarheid spreken we in de tekst over 'hij' waar we 'hij/zij' bedoelen en over 'hem' waar we 'hem/haar' bedoelen.

September 2015
Wiel Pollaert

Inhoud

1 Verkenning

1.1 Werk en werkterrein

Er zijn organisaties waarin businessanalyse en informatieanalyse gescheiden werkterreinen zijn. In die situatie zorgt de businessanalist voor (continue) procesverbetering in de staande organisatie, daarop aansluitend slaat de informatieanalist de brug naar het ICT-terrein als er automatisering in bedrijfsprocessen aan de orde is. De businessanalist en informatieanalist werken vaak nauw samen. Deze situatie treffen we meestal aan in grote organisaties. Het ligt natuurlijk voor de hand dat de businessanalist en de informatieanalist elkaars werkterrein goed kennen. In kleinere organisaties, zoals in het MKB, zien we dan ook dat deze twee werkterreinen in elkaar schuiven. In dit boek richten we ons met name op de professional die in het gecombineerde werkterrein als businessanalist en/of als informatieanalist werkzaam is, zijn businessmanagement ondersteunt bij procesverbetering die past in de organisatie-strategie, en adviseert over ICT-toepassing die correspondeert met de informatiestrategie van informatiemanagement. We duiden deze professional aan met business information analist, of kortweg Bia.

Figuur 1.1 geeft een beeld van het werkterrein van de Bia alsmede van de context van dit werkterrein.

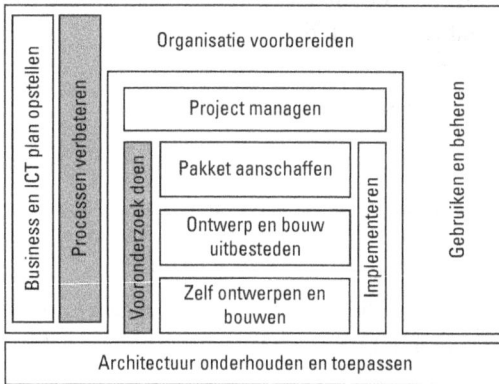

Figuur 1.1 Het werkterrein van een Bia (Bron: Philips Corporate Automation)

We zien een ⌐ - vormig randdeel met daarin de activiteiten die in de organisatie (de business) plaatsvinden. Binnen dit randdeel staan de projectactiviteiten voor ICT-toepassingen. Onderaan zien we de projectoverstijgende activiteiten op het gebied van enterprise- en IT-architectuur. Het werkterrein van de Bia omvat 'processen verbeteren in de business' en 'vooronderzoek doen in ICT-projecten'. De Bia vervult dus een duidelijke brugfunctie tussen business en ICT.

In termen van BiSL, de Business informatie Services Library, ligt het werkterrein van de Bia op het niveau van 'sturende processen'. Dat zijn de processen die zich bezighouden met inhoud en functionaliteit (behoeftemanagement), kosten en opbrengsten (financieel management), tijd en capaciteit (planning en control) en afspraken maken met leveranciers van ICT met betrekking tot diensten (contractmanagement). Zie figuur 1.2.

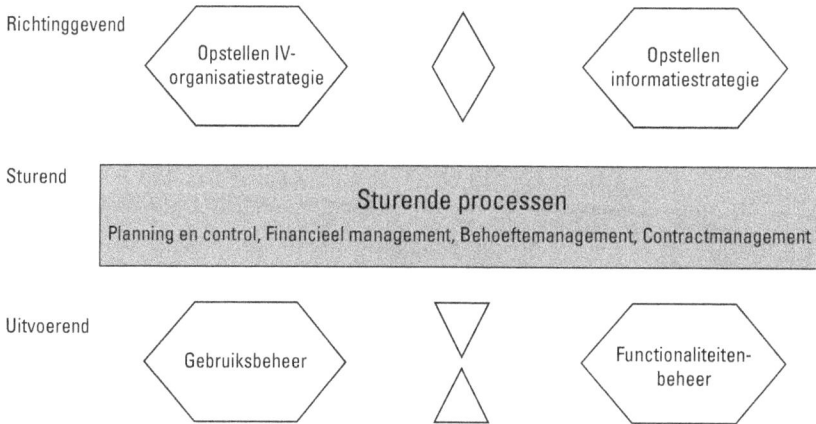

Figuur 1.2   BiSL-framework

Daarnaast draagt de Bia bij aan het businessplan en aan de ICT-strategie en geeft daarmee ondersteuning aan de richtinggevende processen. Hij is verantwoordelijk voor het onderhouden van goede relaties met de business (de businessmanager, businessprocesbeheerders en andere stakeholders) en voor de businesscase voor de oplossingen die hij in zijn project voorstelt. Hij heeft een uitgebreid pakket van taken waarvan de belangrijkste zijn:
- identificeren van processen die voor verbetering vatbaar zijn;
- ICT-oplossingen voorstellen die passen binnen de ICT-strategie;
- opstellen van requirements;
- modelleren van bedrijfsprocessen en informatiestructuren;
- innovaties doorvoeren die leiden tot meer efficiency, en die de concurrentiepositie van de organisatie kunnen verbeteren.

In zijn werk onderhoudt de Bia daarom contacten met alle stakeholders (belanghebbenden), vanaf de directiekamers tot aan de werkvloer. In figuur 1.3 zijn de belangrijkste stakeholders weergegeven waarmee de Bia te maken heeft.

Het onderhouden van al die contacten door alle lagen van de organisatie vraagt om bijzondere competenties. De competenties waarover de Bia moet beschikken zijn verdeeld over branchespecifieke competenties, businesscompetenties, vaktechnische competenties en persoonlijke competenties.

Branchespecifieke competenties
Branchekennis is belangrijk. Een Bia die in dienst is van de organisatie waarbinnen hij functioneert, zal die kennis halen uit de ervaring die hij opbouwt. Een Bia die als consultant regelmatig in uiteenlopende organisaties zijn werk moet doen, zal zich steeds opnieuw moeten verdiepen in alle aspecten die specifiek zijn voor de branche.

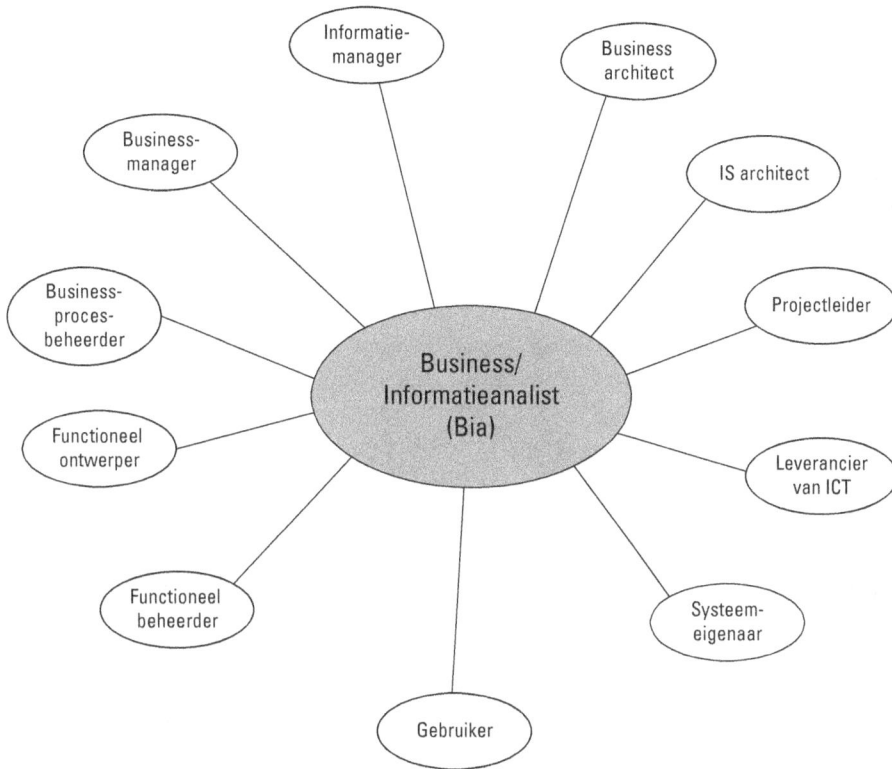

Figuur 1.3 Stakeholders waarmee de Bia contacten onderhoudt

Businesscompetenties
De Bia moet weten hoe bedrijven in het algemeen georganiseerd (kunnen) zijn, bijvoorbeeld als lijn-, lijn-staf of matrixorganisatie, en welke coördinatiemechanismen er spelen.

Vaktechnische competenties
De Bia moet analyses en modellen van bedrijfsprocessen kunnen maken en van de informatie die daarbij een rol speelt.
Hij moet requirements kunnen definiëren en oplossingsalternatieven bedenken. Hiervoor is een behoorlijke dosis analytisch denkvermogen nodig.

Persoonlijke competenties
De Bia moet communicatief sterk zijn, zowel mondeling als schriftelijk. Daarnaast moet hij beschikken over adviesvaardigheid en goed kunnen omgaan met weerstand.

In hoofdstuk 6 gaan we uitvoeriger in op competenties.

1.2 Triggers

Het werk van de Bia kan op meerdere manieren worden getriggerd. In figuur 1.2 zagen we dat op strategisch niveau plannen voor de lange termijn worden ontwikkeld, door business-management en informatiemanagement. Businessmanagement beoogt continue proces-verbetering, steeds vaker vanuit een managementfilosofie als bijvoorbeeld Lean Six Sigma. Informatiemanagement richt zich op het geven van ondersteuning in de informatievoorzie-ning. De plannen voor de lange termijn zijn richtinggevend voor het werk van de Bia, en triggeren zijn werk dat uitmondt in projecten die al zijn voorzien in de strategische plannen. In deze projecten staat procesverbetering voorop. Dat kan met, maar ook zonder inzet van ICT, bijvoorbeeld door procedures te veranderen, taken anders te verdelen over mensen in de organisatie enzovoort.

Een andere trigger komt uit het uitvoerend niveau in figuur 1.2. In de praktijk van alledag kunnen processen anders gaan lopen dan verwacht, kunnen zich problemen voordoen in de keten die loopt van leverancier naar klant, kan een wetgeving veranderen enzovoort. Het is nodig om hiervoor oplossingen te vinden. Soms moet dat direct, om 'een brandje te blussen', soms is enig uitstel mogelijk en kunnen verscheidene problemen in samenhang projectmatig worden aangepakt. Triggers als deze komen vaak van het uitvoerend niveau van functioneel beheer.

Eenmaal getriggerd, moet de Bia zich goed oriënteren op wat de organisatie van hem vraagt. Een organisatievraag wordt niet altijd goed vastgelegd. Alleen door zien, vragen, luisteren en verifiëren kan de Bia achterhalen wat de organisatie daadwerkelijk wil. Daarbij komt nog dat we in de praktijk zien dat:

- veel werk in organisaties routinematig wordt uitgevoerd zonder daarbij steeds instructies te krijgen of te raadplegen. Wat er gedaan moet worden verschilt per medewerker en zit na een inwerkperiode in de hoofden van de mensen;
- de instructies betreffende het werk dat gedaan moet worden, de procedures, niet of on-voldoende beschreven zijn. Het zijn met name de uitzonderingen op de normale gang van zaken die ontbreken;
- als procedures al beschreven zijn de actualiteit vaak anders is, omdat men veranderingen niet vastlegt;
- behoeften in de praktijk nogal eens, namens direct betrokkenen, worden uitgesproken door managers of staffunctionarissen (en dan ook nog vaak in termen van oplossingsrich-tingen).

Managers en staffunctionarissen zien vaak liever niet dat mensen die operationele taken in hun afdeling verrichten van hun werk worden gehaald voor andere zaken, zoals een inter-view door een Bia. Ze denken dat ze zelf kunnen verwoorden wat er leeft in hun afdeling, welke behoeften er zijn, en spreken die uit 'namens de medewerkers'. Vaak is de formulering dan vervormd of onvolledig. Dit leidt vrijwel altijd tot problemen achteraf. De Bia moet daarom altijd proberen door te dringen tot de werkelijke bron van de requirements.

1.3 Een ordeningsmodel voor veranderingen

Het werk van een Bia heeft direct te maken met organisatieverandering. Bij elke verandering moet rekening worden gehouden met traceerbaarheid naar gestelde doelen en impact op gebruikers en andere betrokkenen, alsmede op de bestaande applicaties. We introduceren daarom een model, dat de samenhang van processen, informatievoorziening, ICT-systemen en infrastructuren binnen een organisatie in kaart brengt, vanaf de missie. Dit model is de doel-middelenhiërarchie (figuur 1.4), een ordeningsmodel voor veranderingen en de gevolgen daarvan.

Figuur 1.4   Doel-middelenhiërarchie

Een verandering in de informatievoorziening (niveau 3) waarbij ICT gewenst is, zal niet alleen van invloed zijn op de onderliggende niveaus, maar ook op de niveaus erboven. Denk bijvoorbeeld aan de invoering van een overzicht van artikelen in een supermarkt, die de volgende dag 'over de datum' zijn. Dit overzicht moet dagelijks worden afgewerkt, door bijvoorbeeld artikelen af te prijzen of uit de rekken te verwijderen. Daarvoor zijn processen, procedures en mensen nodig (niveau 2). Wellicht zal na enige tijd het assortiment van de supermarkt worden aangepast (niveau 1) als blijkt dat bepaalde artikelen (te) vaak op de lijst staan. Als ICT in de informatievoorziening gewenst is, moet een (deel)systeem worden gebouwd, aangepast of uitgebreid (niveau 4), terwijl op niveau 5 de implementatie wordt geregeld. We zien dus dat de invoering van een eenvoudig overzicht doorwerkt in alle lagen van de doel-middelenhiërarchie. Daarnaast zal het zo moeten zijn, dat de vraag naar het overzicht getraceerd kan worden naar een organisatiedoel dat aangeeft, dat de supermarkt alleen betrouwbare producten verkoopt en de houdbaarheidsdatum ervan scherp in de gaten houdt.

1.4   Requirements

Elke verandering in de organisatie komt voort uit zekere requirements. Dit zijn eisen waaraan de organisatie moet voldoen. De Bia verzamelt deze eisen, analyseert ze en legt ze gestructureerd vast. Deze activiteit duiden we aan met 'requirementsanalyse'. Daarnaast maakt hij via modellen duidelijk hoe de organisatie nu werkt (de IST-situatie) en straks behoort te werken (de SOLL-situatie), op basis van deze geanalyseerde requirements. In elk project dat in de business wordt gestart, worden requirements aangepakt om in samenhang te worden opgelost. Meestal is dat maar een deel van de 'voorraad' aan requirements. De requirements die overblijven, worden dan in andere projecten aangepakt. Er is dus behoefte aan het beheren van requirements, bijvoorbeeld in een repository. Ze mogen niet uit het oog worden verloren en bij voorkeur niet te lang in de wachtrij blijven staan. In hoofdstuk 2 volgen we een traject voor een supermarkt, waarin een beperkt aantal requirements wordt aangepakt. De modelmatige uitwerking hiervan behandelen we in hoofdstuk 3.

Requirements worden onderscheiden in functionele en niet-functionele, en in business en system requirements. Figuur 1.5 geeft een overzicht van deze vier categorieën. Onderscheid en indeling zijn ontleend aan ISO/IEC 25010 (voorheen ISO/IEC 9126).

	Functioneel Functionele compleetheid, correctheid en toepasselijkheid	Niet-functioneel Prestatie-efficiëntie, uitwisselbaarheid, bruikbaarheid, betrouwbaarheid, veiligheid, onderhoudbaarheid, overdraagbaarheid
Business Wat een organisatie wil bereiken, en aan welke bedrijfsdoelstellingen een bijdrage moet worden geleverd	**Functionele business requirements** *De organisatie zal de kredietwaardigheid bewaken*	**Niet-functionele business requirements** *Het magazijn is alleen op werkdagen open van 9 – 17u*
System Eis of beperking waaraan een systeem moet voldoen om de business requirements te realiseren	**Functionele system requirements** *Het systeem zal een order weigeren als het kredietniveau na bijtelling van de orderwaarde de kredietlimiet van de klant overschrijdt*	**Niet-functionele system requirements** *Het systeem kan per uur minimaal 10 orders verwerken*

Figuur 1.5   Functionele en niet-functionele requirements op basis van ISO/IEC 25010

Requirements moeten aan een aantal eisen voldoen. De objectief te controleren eisen zijn:
- Uniek identificeerbaar.
- Atomair (niet meer dan één eis of beperking tegelijk).
- Eenduidig (maar op één manier te interpreteren).
- Voorzien van een rationale (een beredeneerde uiteenzetting).
- Vrij van implementatiedetails.
- Traceerbaar naar boven en beneden in de doel-middelenhiërarchie (zie figuur 1.4), en tevens naar de persoon of instantie die de requirement opstelde.
- Verifieerbaar en testbaar (SMART: Specifiek, Meetbaar, Acceptabel, Realistisch, Tijdgebonden).
- De prioriteit is aangegeven.

Twee voorbeelden van requirements die niet aan de eisen voldoen zijn:
1 *Het is van groot belang dat de persoonsgegevens van de cliënten correct zijn.*
De problemen met deze requirement zijn dat 'groot belang' niet specifiek is, en dat correctheid van gegevens in het algemeen niet te bewijzen is (niet meetbaar).

2 *Het heeft de voorkeur als mensen betalen middels automatische incasso.*
'Het heeft de voorkeur' is geen stellige (SMART-)eis.

Een voorbeeld van een correcte requirement is:
Het systeem zal een order weigeren als het kredietniveau na bijtelling van de orderwaarde de kredietlimiet van de klant overschrijdt.

Aan het lijstje met eisen waaraan requirements moeten voldoen, kunnen we nog toevoegen:
- De mate van tevredenheid bij belanghebbenden als deze requirement geïmplementeerd wordt (bijvoorbeeld door middel van een cijfer op een schaal van 1-5).
- De mate van ontevredenheid bij belanghebbenden als deze requirement niet geïmplementeerd wordt.
- Conflicterende requirements (de situatie dat andere requirements dus niet geïmplementeerd kunnen worden als deze requirement geïmplementeerd wordt).

Een en ander is ontleend aan 'Volere', een proces voor het analyseren en managen van requirements dat wordt beschreven in het boek *Mastering the Requirements Process* (Robertson & Robertson, 2014).

Goede requirements schrijven is niet eenvoudig, maar wel essentieel. Stakeholders (belanghebbenden) hebben vaak, vanuit hun eigen referentiekader en begrip van de situatie, al een beeld van een oplossing en spreken dat ook uit bij de verwoording van requirements. Met die éne oplossing worden echter andere, wellicht reële en mogelijk betere oplossingen over het hoofd gezien. Er is dus aandacht nodig voor de essentie en zuiverheid van elke requirement.

De wensen en verlangens op strategisch niveau worden aangeduid met 'business needs', omdat ze in het algemeen nog te globaal zijn om al business requirements te worden genoemd.
Ze geven scope en richting aan business requirements, en die op hun beurt weer aan system
requirements als ICT-ondersteuning gewenst is. Zie figuur 1.6.

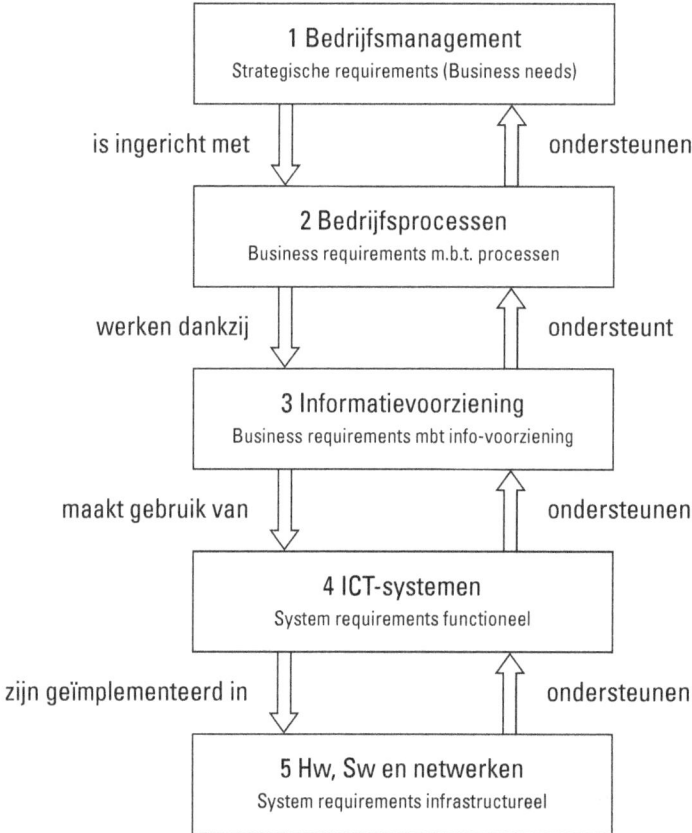

Figuur 1.6   Requirements in de doel-middelenhiërarchie

Voor requirements moeten oplossingsrichtingen worden uitgewerkt. Daar bestaan doorgaans meerdere alternatieven voor die door de Bia worden onderzocht. Elk alternatief heeft
een zekere impact op de organisatie. Een belangrijk onderdeel van die impact vormt de
businesscase. De businesscase wordt op hoofdlijnen uitgewerkt en vormt de basis voor het
nemen van een beslissing over het vervolgtraject. Die beslissing, die door een stuurgroep
wordt genomen, kan inhouden dat:
- een alternatief wordt aangepast (bijvoorbeeld minder requirements);
- alle alternatieven worden verworpen en beëindigd;
- een alternatief wordt geaccepteerd.

Dit proces van omgaan met requirements zien we in figuur 1.7.
Een belangrijk deelproces daarin is 'Verzamel en beheer requirements'. Verschillende bron-
nen leveren hier input aan. Het zijn de business requirements van 'Beheer bedrijfsproces' en
'Onderhoud business- en informatieplan', en de requirements in wijzigingsvoorstellen van

'Operationeel gebruik en beheer' betreffende systemen en applicaties. 'Verzamel en beheer requirements' beoordeelt de binnenkomende requirements, toetst ze met de strategische plannen, prioriteert ze, legt ze vast en selecteert verzamelingen requirements die in een project moeten worden aangepakt. Het is een proces dat onder verantwoordelijkheid valt van de informatiemanager en businessprocesbeheerders. Later in het proces ontvangt 'Verzamel en beheer requirements' nog een derde input. Deze input is een update, als vaststaat welk alternatief gekozen is: mogelijk zijn er requirements afgevallen, terwijl de oplossingsrichtingen nieuwe requirements inhouden voor het vervolgtraject van de alternatievenanalyse. De businesscases die voor alle voorgestelde alternatieven op hoofdlijnen zijn uitgewerkt, vormen de basis voor de besluitvorming door de stuurgroep. De stuurgroep kan de alternatievenanalyse deels laten overdoen, het project stoppen of één van de voorstellen (doorgaans de 'proposal' onder de alternatieven) accepteren.

Als een alternatief geaccepteerd wordt, kan de realisatie van het systeem worden aangepakt op grond van de system requirements die uit de oplossingsrichtingen in het gekozen alternatief naar voren komen. Als het systeem, inclusief de bijbehorende procedures, in gebruik is genomen, treedt de periode aan van 'Operationeel gebruik en beheer'. Daaruit kunnen requirements voortvloeien in wijzigingsvoorstellen, enzovoort. Het requirementsproces is dus een niet-eindig proces.

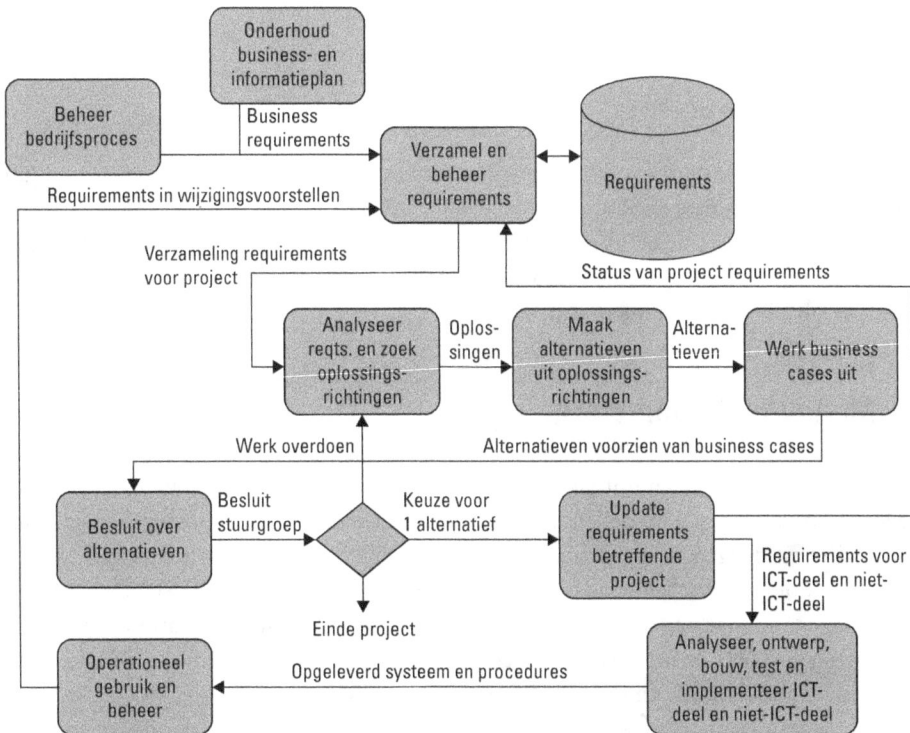

Figuur 1.7 Requirementsproces

Requirements zijn niet alleen belangrijk voor ontwikkelactiviteiten. In het testtraject wordt zorgvuldig gekeken of aan alle gestelde eisen is voldaan. De acceptatietest bijvoorbeeld controleert of het systeem voldoet aan de system requirements zoals die door de informatie-analist gesteld zijn. In het V-model van figuur 1.11 zijn de verbanden tussen requirements en testen aangegeven.

In figuur 1.8 zien we een traceerbaar verband van business needs naar system requirements zoals bedoeld in figuur 1.6. Requirement 1, 'De organisatie zal de orderbehandeling verbeteren', kunnen we beschouwen als een business need (niveau 1). Het kan één van de uitkomsten zijn uit een strategisch alternatief, dat als project verder wordt uitgewerkt (meer over strategische alternatieven volgt in hoofdstuk 2).

1	De organisatie zal de orderbehandeling verbeteren
1.1	De organisatie zal de klantvriendelijkheid verbeteren
1.2	De organisatie zal de orderacceptatie-eisen bewaken
1.2.1	De organisatie zal de kredietwaardigheid bewaken
1.2.1.1	Verkoop zal een order niet accepteren als het kredietniveau na bijtelling van de orderwaarde de kredietlimiet van de klant overschrijdt
1.2.1.1a	*Het systeem zal een order weigeren als het kredietniveau na bijtelling van de orderwaarde de kredietlimiet van de klant overschrijdt*
1.2.2	De organisatie zal de voorraad bewaken
1.2.2.1	Verkoop zal een order accepteren als de voorraad op de gevraagde leverdatum toereikend is om te kunnen uitleveren
1.3	De organisatie zal de communicatie in de proceslijn verbeteren
1.3a	*Het systeem zal periodiek, van alle artikelen, voor vier weken vooruit, per artikel een overzicht geven van openstaande orders in volgorde van gevraagde leverdatum*
1.4	Per uur kunnen 10 orders worden ingebracht

Figuur 1.8   Business en system requirements

De onderliggende niet-cursieve requirements zijn business requirements die volgen uit requirement 1 (de business need).
Requirement 1.2.1.1a (cursief) is een system requirement die invulling geeft aan business requirement 1.2.1.1. En requirement 1.3a (ook cursief) is een system requirement die invulling geeft aan business requirement 1.3.

1.5   Methodisch raamwerk

Er zijn diverse modelleertalen ontwikkeld voor het formuleren van requirements. Met deze modelleertalen kunnen we modellen opstellen waarin we de requirements op een gestructureerde wijze vastleggen. Dit resulteert in beter begrip van de requirements zelf en van de mogelijke oplossingsrichtingen. In dit boek kiezen we voor UML, de Unified Modeling Language, om daarmee de modellen van bedrijfsprocessen en informatiestructuren in kaart te brengen. UML is in eerste plaats een standaard notatie en daardoor uitstekend te gebruiken als modelleertaal. In dit boek gebruiken we UML versie 2.5 uit 2012. Use cases en activity diagrams gebruiken we voor de processen en class diagrams voor de informatiestructuren.

Voor het ontwikkelproces zelf passen we in dit boek RUP toe. De UP in RUP staat voor Unified Process, een aanpak voor een objectgeoriënteerd en componentgebaseerd ontwikkelproces, de R staat voor Rational, de eigenaar van RUP. Rational is onderdeel van het IBM-concern. Rational levert de ondersteunende software voor het ontwikkelproces.

RUP gaat uit van een aantal best practices:
- Ontwikkel iteratief en incrementeel (use case driven).
- Manage Requirements (en wijzigingen).
- Manage kwaliteit (test continu).
- Maak gebruik van component-based architecturen.
- Modelleer visueel (maak prototypes).
- Maak gebruik van versiebeheer tijdens de ontwikkeling.

RUP onderkent disciplines en fasen die in combinatie het volgende model opleveren (figuur 1.9).

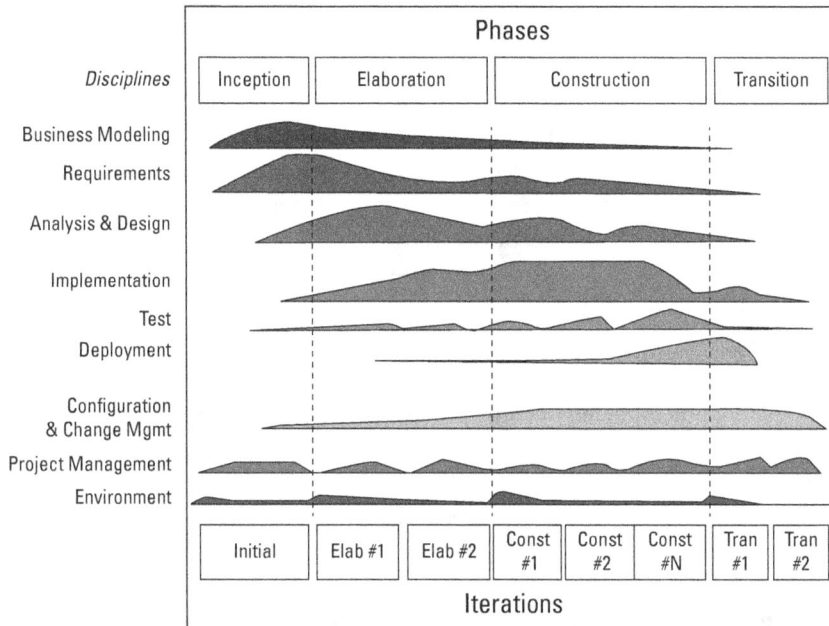

Figuur 1.9   RUP, een ontwikkelproces (bron: IBM (www.ibm.com))

RUP gaat ervan uit dat het niet mogelijk is om een heel systeem in één keer te bouwen. Door iteratief en incrementeel te ontwikkelen is het beter mogelijk om de daadwerkelijke problemen te zien en om te gaan met (veranderende) requirements. Nu zijn 'iteratief' en 'incrementeel' twee begrippen die vaak in één adem worden genoemd alsof ze onlosmakelijk met elkaar verbonden zijn, maar het zijn geheel verschillende aanpakken. Ze kunnen onafhankelijk van elkaar worden toegepast, maar ook in samenhang.

In figuur 1.10 zijn beide aanpakken in één figuur weergegeven, waardoor het verschil duidelijk is te zien.

Bij iteratieve systeemontwikkeling verwachten we niet dat de ontwikkelde software meteen voldoet. We gaan er juist van uit dat de software moet worden aangepast. Daarom beginnen we met het bouwen van het minimale dat nodig is om zinvolle feedback te krijgen. We

Iteratieve aanpak

Incrementele aanpak

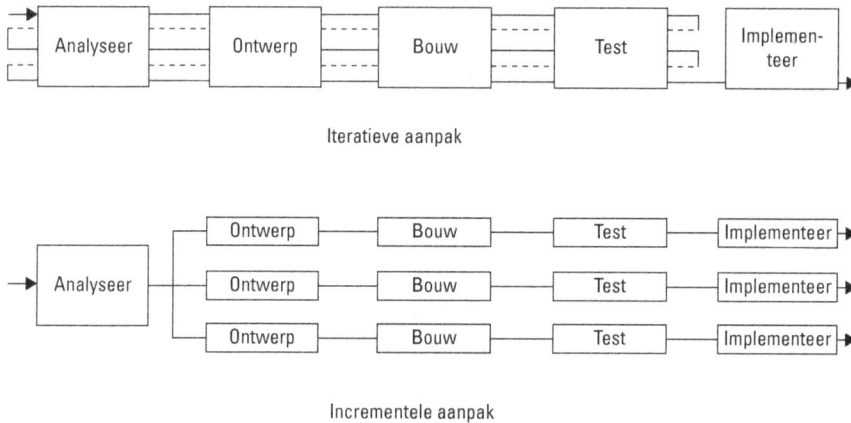

Figuur 1.10   Iteratief versus incrementeel

blijven voortdurend aanpassen en feedback vragen totdat de opdrachtgever tevreden is of totdat er geen tijd of budget meer over is. Iteratieve ontwikkeling kunnen we vergelijken met het maken van een schilderij. Eerst worden de grote lijnen neergezet, en vervolgens worden meerdere keren verfijningen aangebracht. Boven in figuur 1.10 zien we een systeemontwikkelproces met drie iteraties over de activiteiten 'Analyseer' tot en met 'Test'. De iteraties worden gevormd door de getrokken lijnen die van links naar rechts lopen. Bij de derde iteratie is de gebruiker tevreden en volgt implementatie.

Bij incrementele systeemontwikkeling wordt een systeem, na analyse, opgedeeld in logische functionele delen of 'incrementen'. Deze worden onafhankelijk van elkaar gebouwd, getest en geïmplementeerd. Onder in figuur 1.10 zien we een systeemontwikkelproces waarin na 'Analyse' het systeem wordt opgedeeld in drie delen die parallel worden ontworpen, gebouwd, getest en geïmplementeerd. De activiteiten 'Ontwerp' tot en met 'Implementeer' kunnen per increment verschillend worden doorlopen: iteratief of lineair. Bovendien hebben we wat implementeren betreft nog de keuze om elk increment afzonderlijk te implementeren zodra het klaar is, of om alle incrementen samen in één keer te implementeren.

In de praktijk zien we soms dat de iteratieve aanpak samen met de incrementele aanpak wordt toegepast voor evolutionaire opbouw van een systeem. Een iteratie wordt niet meer alleen gebruikt voor verbetering van de voorgaande release, maar er wordt ook functionaliteit aan toegevoegd. Zo laten we het systeem langzaam uitgroeien tot één geheel, zonder vooraf een opsplitsing bedacht te hebben.

Het grote voordeel van deze werkwijze is, dat we voortdurend de vinger aan de pols kunnen houden. Bovendien bieden iteratieve en incrementele aanpakken een handvat om greep te houden op de tijd en het budget.

Verrassingen betreffende tijd en budget zien we wel vaak bij de lineaire aanpak, ook wel watervalaanpak genoemd. Daarbij wordt aan het begin de volledige functionaliteit vastgesteld, vervolgens wordt het functioneel en technisch ontwerp gemaakt, en uiteindelijk wordt de software gebouwd, getest en overgedragen. Omdat steeds het gehele systeem betrokken is bij elke ontwikkelstap, duurt dit lang. In die tijd kunnen requirements inmiddels weer veranderd zijn, zodat uiteindelijk niet het gewenste product wordt opgeleverd, maar een product dat alweer direct moet worden aangepast. Ook is er vaak sprake van budgetoverschrijdingen.

Iteratief en incrementeel werken heeft deze nadelen niet of in veel mindere mate. Incrementeel werken biedt de mogelijkheid om een systeem geleidelijk in productie te nemen, waarbij elke nieuwe release meer functionaliteit bevat dan de voorgaande. We kunnen het systeem ook op die manier bouwen, maar in plaats van elk increment apart te implementeren, het systeem in zijn geheel opleveren en in productie nemen (een salarisadministratie bijvoorbeeld kan nu eenmaal niet incrementeel in gebruik worden genomen). Door iteratief te werken zorgen we ervoor dat we blijven voldoen aan de behoeften van de business.

1.5.1 Het V-model
Het V-model van figuur 1.11 toont een werkwijze waarin de incrementele en de iteratieve aanpak op een slimme wijze zijn gecombineerd om een systeem evolutionair te laten groeien.

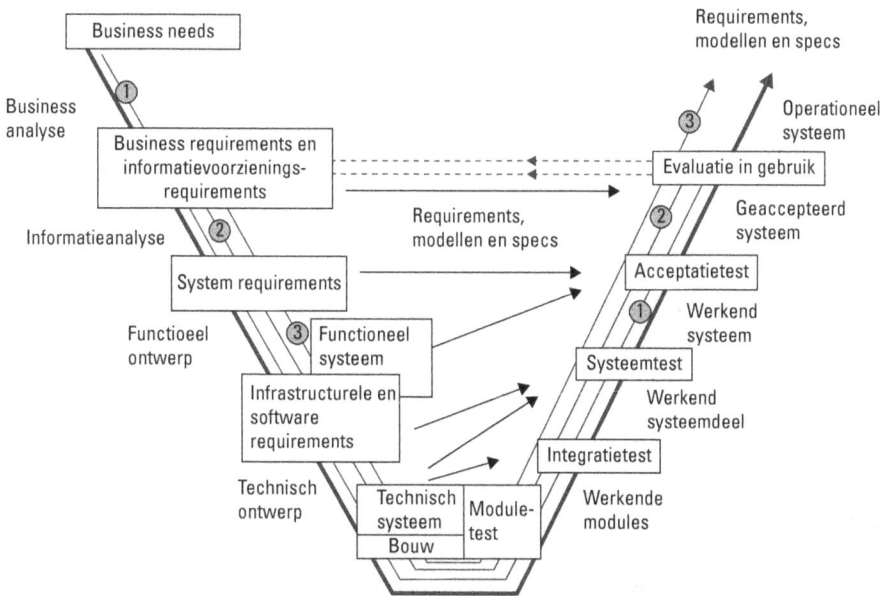

Figuur 1.11   Het V-model

In het linkerdeel van de V staan de ontwikkelactiviteiten en requirements die daarbij aan bod komen. Het werkterrein van de Bia bestaat daarbij uit businessanalyse en informatieanalyse samen. In het rechterdeel van de V staat het testtraject en de producten die worden opgeleverd. De Bia is daarin betrokken bij de acceptatietest en de evaluatie van het gebruik. De dikke lijn geeft de lineaire aanpak aan, de dunne rondgaande lijn de iteratieve aanpak, die in deze figuur uit drie iteraties bestaat. In het bovenste deel van de V liggen het ontwikkeldeel en het testdeel verder uit elkaar dan beneden. Daarmee wordt de relatieve tijd gesymboliseerd die tussen ontwikkelen en testen ligt.

1.5.2 RUP

In figuur 1.9 zagen we de combinatie van iteratieve en incrementele ontwikkeling in RUP. De tijd loopt van links naar rechts, en doorloopt een viertal fasen. In elke fase vindt incrementele groei plaats, waarbij elk increment iteratief ontwikkeld wordt door het volgen van de disciplines, van boven naar beneden.

De vier fasen van RUP zijn:

1. Inception: Hierin worden doelen vastgelegd, een businesscase gemaakt, een project-omgeving opgezet, de ontwerpbasis gevormd met +/- 20% van de use cases (waaronder de meest risicovolle), de kandidaat architectuur vastgelegd, prototypen ontwikkeld en een risicoanalyse uitgevoerd.
2. Elaboration: Hierin wordt het overgrote deel van de requirements vastgelegd (tot +/- 80% van de use cases), en worden de architectuur, het ontwikkelplan, het businessmodel en de prototypen verfijnd.
3. Construction: In deze fase vindt de bouw en het testen plaats van demonstreerbare, werkende prototypen, iteratief in oplopende versies, en volgt de uitwerking van de rest van de requirements voor analyse en ontwerp.
4. Transition: Dit is de fase waarin de gebruikersacceptatie en de uiteindelijke overdracht plaatsvindt.

In figuur 1.12 zien we een gedeeltelijk ingevulde verantwoordelijkhedenmatrix voor de fase 'Inception'. Het vision-document beschrijft het gezamenlijk perspectief van opdrachtgever en opdrachtnemer met betrekking tot het project in termen van duidelijke requirements. De risicolijst is een lijst met onderkende projectrisico's. Onder 'beheerder' vallen verschillende specialisaties, zoals functioneel beheer en beheer van hardware, netwerken en middleware. Er zijn aparte kolommen voor businessanalist en informatieanalist, maar die kunnen we samenvoegen tot één kolom voor de Bia.

Zo heeft RUP voor elke fase in het ontwikkeltraject een gedetailleerde verantwoordelijkhedenmatrix waarin wordt aangegeven welk werkproduct gemaakt wordt, wie het schrijft, wie het verifieert en aanvult en wie het accordeert.

Elke fase is een 'milestone', en wordt afgesloten met een beslismoment voor het vervolg. We krijgen dan te maken met het managen van een faseovergang, zoals dat ook het geval is in de projectmanagementmethode PRINCE2. De stuurgroep beslist bij elke faseovergang of het project doorgaat of dat het gestopt wordt. Ook moet er een beslissing genomen worden als tijd en geld buiten de afgesproken toleranties dreigen te lopen. De projectleider moet dit signaleren en een voorstel doen over het vervolg van de fase.

Agile softwareontwikkeling

Van RUP naar Agile ontwikkelen is maar een kleine stap. De eerder genoemde best practices van RUP vertonen veel overeenkomsten met de beginselen van Agile. Die zijn:

- Mensen en hun onderlinge interactie gaan boven processen en tools.
- Werkende software gaat boven allesomvattende documentatie.
- Samenwerking met de klant gaat boven contractonderhandelingen.
- Inspelen op verandering gaat boven het volgen van een plan.

	Business-analist	Informatie-analist	Beheerder	Teamleider	Stuurgroep	Domein-deskundige
Business procesmodel	S	V				V
Vision	V	S	V	V	A	V
Risicolijst	V	V	V	S	V	V
Use case model	V	S	V	V	A	V

S = Schrijft / is verantwoordelijk voor   V = Vult aan en verifieert   A = Accordeert

Figuur 1.12   Verantwoordelijkhedenmatrix voor de fase 'Inception'(ontleend aan de website RUP op Maat: www.rupopmaat.nl)

Toch wordt RUP niet tot de Agile-aanpakken gerekend zoals Scrum en XP (Extreme Programming). De reden is waarschijnlijk dat RUP wel multidisciplinair werken voorstelt, maar uitgaat van vaste rollen, terwijl Agile door wisselen van rollen in een team overdrachts-momenten tracht te vermijden. Ook hecht RUP meer waarde aan documentatie dan het geval is bij Agile-aanpakken (DSDM/Atern uitgezonderd). Dat laatste vinden wij belangrijk. We zijn ervan overtuigd dat documentatie in de vorm van modellen nuttig is in het analyse- en ontwerptraject, en vooral in het traject dat daarop volgt: het operationeel gebruik. We hebben systemen ontwikkeld die meer dan 10 jaar zijn meegegaan. In die meer dan 10 jaar is vaak onderhoud gepleegd. Dan is goed geschreven documentatie onontbeerlijk. Ook als het ontwikkel- en bouwwerk is geoutsourcet (uitbesteed) is het voor de opdrachtgever essentieel dat hij goede documentatie krijgt.

In dit boek passen we RUP toe in combinatie met PRINCE2, RUP voor het ontwikkel-proces en PRINCE2 voor projectmanagement, hoewel we niet een geheel project van begin tot eind volgen.

In figuur 1.13 zien we het procesmodel van PRINCE2. Daarin hebben we met lichtblauw raster aangegeven in welke delen PRINCE2 en RUP elkaar aanvullen en versterken. Het zijn:
- Beheersen van een fase, P4.
- Managen van faseovergangen, P6.
- Managen van de productoplevering, P5 (in RUP is dat 'Managing an Iteration').

De overige vier processen van PRINCE2 vallen buiten de scope van RUP.

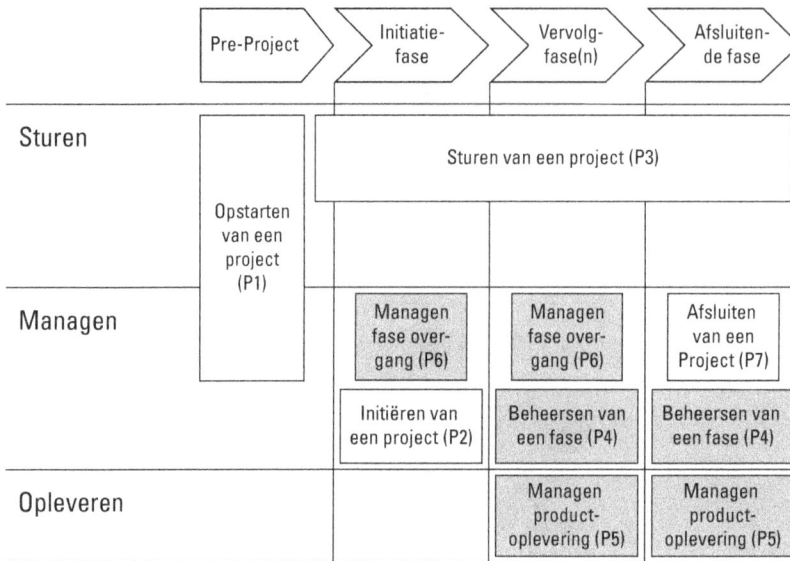

Figuur 1.13   Het procesmodel van PRINCE2® (bron: AXELOS)

RUP-disciplines

Er zijn negen disciplines die in een project betrokken zijn. De intensiteit waarmee een bepaalde discipline wordt uitgevoerd is afhankelijk van de fase waarin het project zich bevindt. Dit is in figuur 1.9 gesymboliseerd door de ligging en de vorm van de 'heuveltjes'. De negen disciplines zijn verdeeld over twee hoofdgroepen: ontwikkeling en ondersteuning.

De ontwikkelingsdisciplines zijn:
1. Business modeling (van de organisatie als geheel of een deel ervan).
2. Requirements (functionele en niet-functionele systeemeisen).
3. Analysis & design (functionaliteit en architectuur van het systeem).
4. Implementation (opeenvolgende versies, integratie).
5. Test (debugging en requirements-validatie).
6. Deployment (installatie, opleiding).

De ondersteunende disciplines zijn:
7. Configuration & Change Management.
8. Projectmanagement (met daarin risicobeheer).
9. Environment (configuratie van het ontwikkelproces, onder andere tools en ondersteunende processen).

Dit boek gaat over de disciplines Business modeling en Requirements, waarbij Requirements zowel business requirements als system requirements betreft.
De RUP-discipline Analysis & design beperken we tot het beschrijven van de systeemfunctionaliteit op contextniveau. Functioneel ontwerpers, technisch ontwerpers, databaseontwerpers en systeemarchitecten werken de details verder uit.

We komen nog even terug op de relatie tussen RUP en PRINCE2. Delen van RUP, die we met name in de disciplines Business modeling, Requirements en Environment tegenkomen, kunnen we gebruiken als aanvulling op het proces 'Initiëren van een project' in PRINCE2.

Verder merken we op, dat RUP de discipline Requirements weliswaar plaatst tussen Business modeling en Analysis & design, maar, zoals eerder aangegeven, daarin wel onderscheid maakt tussen business requirements en system requirements.
RUP maakt bovendien onderscheid tussen business use cases en system use cases. Dat doet UML niet. Als we een boek openslaan waarin UML beschreven wordt, dan zien we daarin use cases, waarbij steeds system use cases bedoeld zijn.

1.6   Analyses

Een Bia werkt op meerdere terreinen mee aan het analyseren van organisatievraagstukken. Hierbij kunnen we vijf analyses onderscheiden. Dat zijn (zie ook figuur 1.14):
1. Behoefteanalyse.
2. Alternatievenanalyse.
3. Procesanalyse.
4. Objectanalyse.
5. Besturingsanalyse.

Behoefteanalyse en alternatievenanalyse passen we in onderlinge samenhang toe, met behoefteanalyse als vertrekpunt. Het toepassen van behoefteanalyse en alternatievenanalyse is een iteratief proces, waarbij aanvankelijk divergentie te zien is, omdat voor elk probleem vaak meerdere oplossingsrichtingen mogelijk zijn. De mogelijke oplossingen worden vervolgens 'gewogen', waarbij een deel van de oplossingsrichtingen afvalt (convergentie). Uiteindelijk blijft een beperkt aantal mogelijkheden over, waaruit de stuurgroep een keuze moet maken.

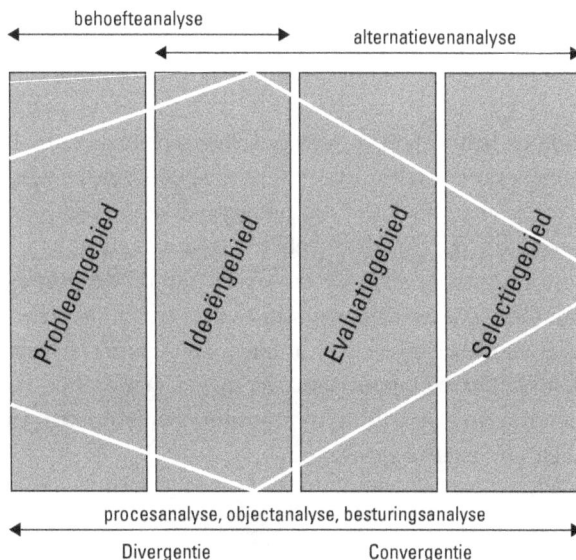

Figuur 1.14   Behoefteanalyse en alternatievenanalyse

Procesanalyse, objectanalyse en besturingsanalyse zijn ondersteunend bij zowel behoefte-analyse als alternatievenanalyse. Deze ondersteunende analyses leveren een duidelijk beeld van hoe het nu is en straks moet gaan worden. Daarbij worden modellen opgesteld waarin processen en objecten (informatie, classes, data) in samenhang in kaart worden gebracht (figuur 1.15).

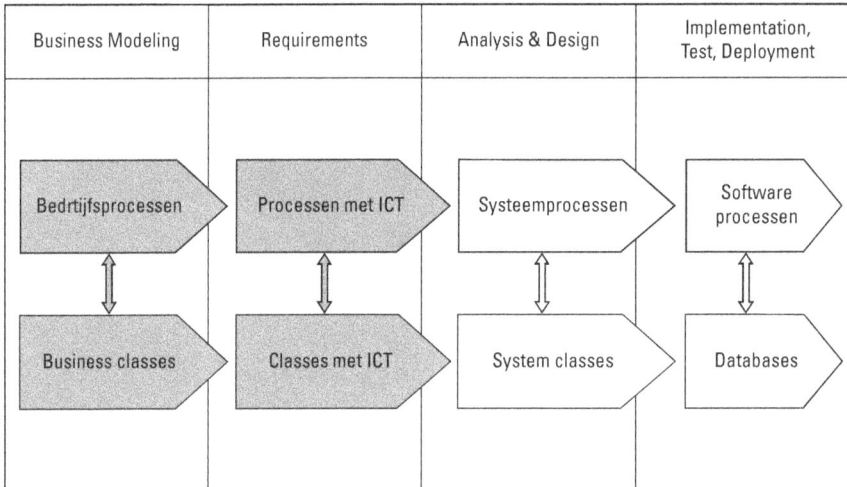

Business Modeling	Requirements	Analysis & Design	Implementation, Test, Deployment
Bedrtijfsprocessen	Processen met ICT	Systeemprocessen	Software processen
Business classes	Classes met ICT	System classes	Databases

Figuur 1.15 Processen en informatie

Besturingsanalyse houdt zich bezig met de wijze waarop processen worden bestuurd en gecoördineerd, en hoe verantwoordelijkheden en bevoegdheden zijn geregeld voor processen en het beheer van gegevens. In hoofdstuk 3 volgen we het ontwikkelproces vanaf de business-strategie tot aan 'de voorkant' van Analysis & design.

1.7 Repository

Gedurende het proces van ontwikkeling en beheer komen we steeds begrippen tegen, zoals namen van business classes en attributen, waarvan definities en eigenschappen moeten worden vastgelegd, om misverstanden te voorkomen. Het gaat dus om gegevens over gegevens, ofwel over metadata. Deze gegevens worden verzameld en beheerd in een repository (of encyclopedie), die een centrale database vormt voor allen die betrokken zijn bij de ontwikkel- en beheersprocessen (figuur 1.16). Ook worden associaties tussen classes en procesbeschrijvingen vastgelegd, en welke processen welke gegevens gebruiken. De repository voorziet tevens in versiebeheer en maakt analyses van en rapportages over metadata mogelijk. Bij de start van een nieuw project kunnen analisten gegevens uit de repository hergebruiken, en hoeven de repository alleen aan te vullen met nieuwe gegevens.

Zo'n database kan men zelf opbouwen, maar bij gebruik van een tool voor Computer-aided Software Engineering (CASE) is de repository in de tool aanwezig.

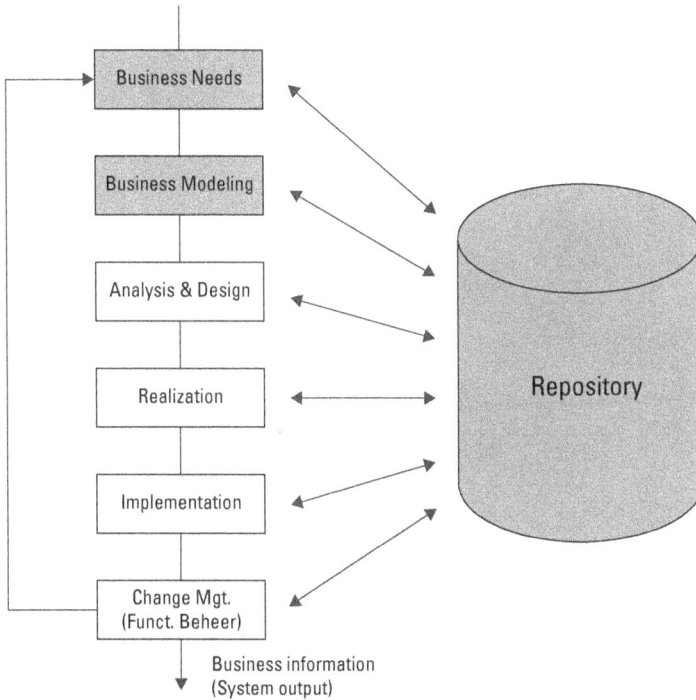

Figuur 1.16 Repository

1.8 Uit de praktijk

In dit hoofdstuk hebben we het werk en het werkterrein beschreven van de business information analist, of kortweg Bia. Procesverbetering staat hierin centraal. Procesverbetering kan bereikt worden met en zonder ICT. Een procesverbetering zonder ICT kan bijvoorbeeld bereikt worden door procedures anders in te richten of de taakverdeling over mensen in de organisatie aan te passen. Als ICT wordt ingezet, kunnen we nog kiezen voor 'maatwerk' (een systeem zelf ontwikkelen of laten ontwikkelen) of voor 'confectie' (een pakket aanschaffen): als voorbereiding zullen we hetzelfde traject moeten doorlopen.

Het werkterrein van de Bia is organisatiebreed, en betreft zowel goederenstromen als geldstromen, intern, en van en naar leveranciers en klanten.

2 Requirements en alternatieven

2.1 Requirements boven water krijgen

In hoofdstuk 1 hebben we kennisgemaakt met requirements, de essentiële uitgangspunten voor het werk van de Bia. In een organisatie die werkt met langetermijnplanning voor procesverbetering zijn de business needs al vastgelegd in strategische plannen. De Bia moet deze business needs natuurlijk wel nader analyseren en uitwerken.

Er zijn ook organisaties die niet langs deze weg werken. Procesverbetering vindt dan plaats op momenten dat zich problemen voordoen. Een Bia moet de requirements dan boven water zien te krijgen. Daarbij heeft hij behoefte aan geschikte technieken die hem direct bij de bron van de werkelijke behoeften brengen, zonder dat daarbij een vertekend beeld ontstaat; technieken die hij bovendien ook kan toepassen als requirements wel reeds beschreven zijn maar nadere uitwerking behoeven.

De belangrijkste technieken voor het boven water krijgen van requirements zijn:
- Documentenstudie;
- interviews afnemen;
- observeren van bedrijfsprocessen in werking;
- workshop;
- bestaande systemen analyseren;
- bedrijfsbezoek;
- als medewerker meewerken in een bedrijfsproces;
- user stories.

Figuur 2.1   Documentstudie (de documenten op papier)

Documentenstudie (figuur 2.1) is het vooraf inlezen op een aantal aspecten van een organisatie (bijvoorbeeld beleidsnota's, financiële stukken, verslagen, probleemrapporten, incidentmeldingen enzovoort) en geeft een eerste beeld van de organisatie. Het roept vragen op, en je voorkomt dat je onnodige vragen moet stellen tijdens een interview. Je bent niet gebonden aan agenda-afspraken, maar je zit vaak wel met de vraag wat de actualiteitswaarde van de stukken is: daar moeten vragen over worden gesteld.

In een *interview* stelt de Bia gerichte vragen aan een functionaris om inzicht te krijgen in alle aspecten van diens functioneren. Luisteren, samenvatten en doorvragen zijn daarin van cruciaal belang. Vaak neemt de Bia daarbij iemand mee die notuleert, zodat hij zichzelf volledig kan toeleggen op het interview.

Er kunnen situaties voorkomen waarin meerdere mensen in de organisatie min of meer hetzelfde werk doen, op dezelfde of verschillende locaties. De grote lijnen zijn dezelfde, maar details in de uitvoering kunnen verschillen. Je kunt dan overgaan tot een 'groepsinterview'. Alle betrokkenen worden in één keer geïnterviewd. Naast dat dit tijdwinst oplevert, is het voordeel hiervan ook dat de geïnterviewden op elkaar kunnen reageren.

Observeren hoort eigenlijk tot het normale werk van een Bia. Gewoon met eigen ogen zien hoe een bedrijfsproces zich voltrekt, wat mensen doen, waar zich problemen voordoen, en waar mensen behoefte aan hebben. Het is wel zaak om oog te hebben voor normale zaken en incidentele gebeurtenissen. De bevindingen moeten natuurlijk worden vastgelegd.

Figuur 2.2 Workshop

In een *workshop* breng je de noodzakelijke specialismen en vertegenwoordigers van belanghebbenden bij elkaar (figuur 2.2). Ze vormen samen een multidisciplinaire groep met daarin in ieder geval een of meer mensen die het bedrijfsproces goed kennen: de Bia, een ontwerper, een systeembouwer en een businessinformatiemanager. De workshop begint met een kick-off, waarin de deelnemers een requirement op hoog niveau meekrijgen. Ze moeten zelfstandig de onderliggende requirements in beeld brengen en oplossen. De deelnemers nemen zelf beslissingen over oplossingsrichtingen, omdat ze een zeker mandaat hebben binnen afgesproken grenzen en toleranties. Ook de aanpak die ze daarbij volgen, iteratief, incrementeel of waterval, bepalen ze zelf. Bij Agile-aanpakken is er sprake van intensieve workshops.

Bestaande systemen of softwarepakketten (bijvoorbeeld ERP) kunnen worden geanalyseerd, globaal, als een eerste stap, om te achterhalen of ze geschikt (te maken) zijn voor de eigen situatie. Daarbij is het beter om niet uit te gaan van wat het pakket biedt, maar van de eigen wensen en eisen, ondersteund met modellen (zie hoofdstuk 3).

Bedrijfsbezoek betreft het bezoeken van een andere organisatie met vergelijkbare processen en requirements. Doel is van elkaar leren en mogelijk problemen samen oplossen.

Bij *meewerken* vervult de Bia zelf gedurende beperkte tijd taken uit in het onderzoeksgebied, om zelf te ervaren wat er speelt. Dit heeft als voordeel dat acceptatie van veranderingen vaak soepeler verloopt, omdat voorstellen daartoe komen van iemand 'die weet waar hij het over heeft'.

User stories zijn korte beschrijvingen waarin de gebruiker uitlegt wat hij doet, wat hij wil en waarom hij dat wil. De beschrijvingen zijn in gewone spreektaal van de gebruiker. User stories worden in Agile-aanpakken intensief gebruikt voor het beschrijven van requirements.

Allereerst wijzen we erop dat de keuze voor een bepaalde techniek voor het boven water krijgen van requirements per situatie verschillend is. Het onderwerp en de scope moeten passen bij de techniek en de gebruikers van de techniek (de Bia en de andere betrokkenen). Allen moeten zich er goed bij voelen.

We beginnen aan het begin van het traject, namelijk bij het al dan niet aanwezig zijn van een strategisch plan. Als een strategisch plan niet beschikbaar is, kan een SWOT-analyse (paragraaf 2.2) wellicht helpen.

In het algemeen is het nodig om alle verzamelde requirements nog eens goed door te nemen en waar nodig aan te vullen, zeker ook op het gebied van niet-functionele requirements. Pas daarna kunnen we beginnen met het zoeken naar oplossingsalternatieven (zie paragraaf 2.3). Daarnaast zullen we modellen gaan gebruiken die de requirements verduidelijken, en die het zoeken naar oplossingsrichtingen vereenvoudigen. In hoofdstuk 3 komen we hier uitvoerig op terug.

2.2 SWOT-analyse

SWOT staat voor Strengths, Weaknesses, Opportunities en Threats (Sterkten, Zwakten, Kansen en Bedreigingen) De analyse van deze elementen en de relaties daartussen geeft inzicht in strategische alternatieven van een organisatie. Als zodanig is de SWOT-analyse een managementinstrument dat thuishoort in zowel behoefteanalyse als alternatievenanalyse van een organisatie. Wat overigens niet betekent dat het management de gehele analyse zelf voor zijn rekening neemt. Meestal maakt men gebruik van de hulp en adviezen van een Bia, maar de uiteindelijke besluitvorming ligt natuurlijk bij het management zelf.

Bij het toepassen van SWOT-analyse moeten we 'organisatie' breed zien. We kunnen een organisatie als geheel beschouwen, maar ook een deel daarvan zoals een business unit, een filiaal, een afdeling of werkgroep. Ook een vereniging kan onderwerp van analyse zijn, en zelfs op individueel niveau is de SWOT-analyse toepasbaar, bijvoorbeeld in een functioneringsgesprek. Deze laatste toepassing laten we verder buiten beschouwing.

Sterkten en zwakten gaan over de organisatie zelf en zijn dus intern gericht. Kansen en bedreigingen hebben betrekking op de omgeving van de organisatie en zijn extern gericht. De SWOT-analyse beginnen we met het invullen van lijsten voor de vier elementen (figuur 2.3). Vervolgens zoeken we naar strategieën in de volgende categorieën:
- sterkten gebruiken voor de kansen;
- sterkten gebruiken voor het afwenden van bedreigingen;
- zwakten opheffen die kansen in de weg staan;
- zwakten opheffen die bedreigingen in de hand werken.

INTERN

De SWOT-matrix :		Sterkten	Zwakten
		Lijst met sterkten • • •	Lijst met zwakten • • •
Kansen	Lijst met kansen • • •	Strategieën om sterkte te gebruiken voor de kansen	Strategieën om zwakten op te heffen die kansen in de weg staan
Bedreigingen	Lijst met bedreigingen • • •	Strategieën om sterkten te gebruiken voor het afwenden van bedreigingen	Strategieën om zwakten ot te heffen die bedreigingen in de hand werken

E X T E R N

Figuur 2.3   SWOT-matrix

Een eenvoudig voorbeeld van een SWOT-analyse voor een supermarkt waarin de strategieën nog niet zijn ingevuld is te zien in figuur 2.4.

De matrix voor de SWOT-analyse oogt eenvoudig en overzichtelijk, maar bij het invullen stuiten we toch vaak op problemen.

De eerste vraag waar we voor staan is: 'Hoe kunnen we ervoor zorgen dat we breed genoeg kijken?' Om deze vraag te beantwoorden introduceren we twee aanpakken die ons op weg helpen: voor sterkten en zwakten gebruiken we COPAFIT, voor kansen en bedreigingen DESTEP.

COPAFIT staat voor Commercie & Communicatie, Organisatie, Personeel, Administratieve organisatie, Financiën, Informatievoorziening en Technologie. Het zijn de namen van ondersteunende processen van een organisatie, processen die de organisatie in stand houden en de mensen en middelen leveren voor het uitvoeren van de kerntaken van de organisatie.

INTERN

De SWOT-matrix :		Sterkten	Zwakten
		• Goede naamsbekendheid • Groot aantal vaste klanten • Ligging in groeiwijk	• Onvoldoende zicht op houdbaarheid artikelen • Geen kennis vinologie • Ruimtegebrek in magazijn
E X T E R N	**Kansen** • Samengaan met naastgelegen slijterij mogelijk • Aanliggend pand komt te koop		
	Bedreigingen • Komst van levensmiddelenbedrijf in hard-discout segment in de buurt • Invoering parkeergeld ivm eerlijke concurrentie		

Figuur 2.4   Gedeeltelijk ingevulde SWOT-matrix voor de supermarkt

In de loop van de tijd zijn meerdere varianten ontstaan voor de namen van de processen: PIOFA, PIOFAH, PICOFA, OPAFIT, COPAFIJTH en SCOPAFIJTH. Laatstgenoemde variant is de meest uitgebreide en recente, waarbij de extra letters S, J en H staan voor respectievelijk Security, Juridische zaken en Huisvesting.

Nader onderzoek binnen deze ondersteunende processen roept vragen op als:
- Kennen we de markt goed genoeg?
- Hoe is onze prijs-/kwaliteitverhouding?
- Neemt het management tijdig maatregelen?
- Zijn de verantwoordelijkheden en bevoegdheden duidelijk?
- Is het aannamebeleid van personeel in orde?
- Wat doen we aan (bij)scholing?
- Is de administratie transparant?
- Hebben we voldoende financiële reserves om te investeren?
- Komt informatie tijdig genoeg?
- Is de informatie betrouwbaar?
- Zijn alle processen beschreven?
- Werkt de organisatie conform de procesbeschrijvingen?
- Weten we hoe de klant ons beoordeelt, en doen we daar iets mee?
- Is onze supply chain in orde?
- Is de kwaliteit van producten en diensten voldoende geborgd?

DESTEP staat voor Demografie, Economie, Sociaal-cultureel, Technologie, Ecologie en Politiek. Nader onderzoek naar deze aspecten in de organisatie roept vragen op als:
- Groeit of krimpt onze klantenkring, en kennen we de oorzaken?
- Hoe kunnen we klanten voor langere tijd aan ons binden?

- Waar is groei te verwachten, en waar afname?
- Wie zijn onze concurrenten?
- Is inflatie van invloed?
- Zijn we gunstig gehuisvest?
- Zal er rust blijven op de arbeidsmarkt?
- Kunnen we verloop en recrutering opvangen?
- Wat zijn de life cycles van onze producten?
- Zijn we in staat om adequaat te reageren op een veranderde vraag?
- Hoe gaan we om met octrooien?
- Zijn we voldoende bezig met duurzaamheid?
- Kopen we goed in?
- Is de politieke situatie stabiel?
- Wat verwachten we van belasting en wetgeving?

We zien dat de vragen die we ons stellen een hoog niveau hebben, passend bij het zoeken naar strategische alternatieven. En precies hier zien we een valkuil bij het toepassen van SWOT-analyse (Figuur 2.5).

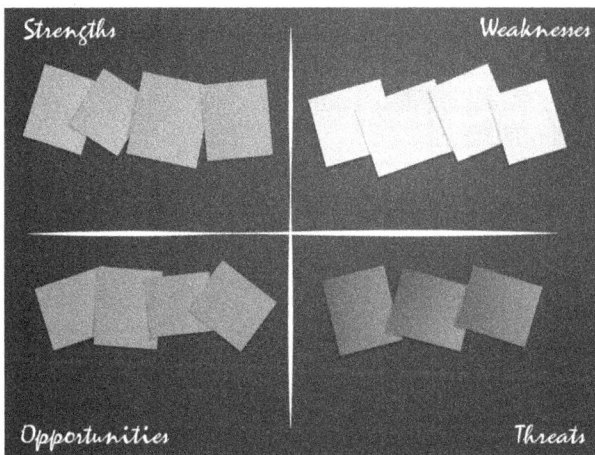

Figuur 2.5   Voorbeeld van een SWOT-analyse

De lijsten per element (sterkten, zwakten, kansen, bedreigingen) zijn vaak te lang en 'vervuild' met details die op strategisch niveau niet van invloed kunnen zijn. We kunnen dit voorkomen door vooraf duidelijk te maken waarom we een SWOT-analyse gebruiken, en wat we daarmee willen bereiken. We kunnen bovendien een ranking aanbrengen in de lijsten, zodanig dat we per element de 5 belangrijkste items overhouden. Daar baseren we dan de strategische alternatieven op.

Maar er is nog meer
Veel organisaties overdrijven hun sterke kanten. De vraag is of buitenstaanders die sterke kanten ook zo zien. Het kan daarom de moeite waard zijn om anderen van buiten de organisatie naar hun mening te vragen. Denk maar aan een restaurant dat zichzelf de beste in

de regio vindt. Toch raadplegen veel mensen de meningen van anderen voordat ze er een bezoek aan brengen.

Tegenover het voorgaande staat dat organisaties de interne zwakten vaak toedekken of zelfs ontkennen. Toch is het nodig om precies te weten wat er aan de hand is, waar de zwakte zich voordoet. Een ketting is immers zo sterk als zijn zwakste schakel. We moeten dus de hele keten onderzoeken om zwakheden aan het licht brengen. Denk aan een zorginstelling waarin één afdeling het nieuws haalt door haar slechte zorgverlening. De instelling praat er niet graag over en verwijst liever naar zaken die wel goed gaan.

Organisaties zien soms reële kansen, maar vissen achter het net, stappen te laat in de markt of weten de kansen niet om te zetten in succes. Een voorbeeld is de computerfabrikant Acer, die pas laat op de tabletmarkt kwam, en in 2014 al een flinke achterstand had opgelopen op Apple en Samsung.

Bedreigingen waaraan een organisatie bloot staat worden soms niet onderkend. Als maatregelen om het tij te keren te lang uitblijven, is faillissement vaak nog de enige mogelijkheid. Toch kan een bedreiging ook tot nieuw succes leiden. Een voorbeeld daarvan is DSM (voorheen Staatsmijnen). Eerst vormde de kolenindustrie de hoofdbron van inkomsten. Daarnaast ontstond een chemische nevensector voor het verwerken van afvalproducten uit de kolenindustrie, het SBB (Stikstof Bindings Bedrijf), dat onder andere kunstmest produceerde. Toen in de jaren '60 van de vorige eeuw de mijnen om economische redenen moesten sluiten, overleefde DSM deze crisis dankzij haar inmiddels sterk ontwikkelde chemische sector, die niet alleen meer van kolen afhankelijk was maar ook nafta als basisproduct kon verwerken. Later, vanaf ongeveer 2010, heeft DSM zich verder ontwikkeld tot Life Sciences en Materials Sciences bedrijf en produceert onder andere vitaminepreparaten.

De conclusie die we uit het voorgaande moeten trekken is, dat het invullen van de lijsten van sterkten, zwakten, kansen en bedreigingen met zorg moet gebeuren, met realiteitszin en omgevingsbewustheid. Anders mist de besluitvorming over strategische alternatieven door het management een gezonde basis. En hoewel de besluitvorming bij het management zelf ligt, zal het management graag gebruikmaken van hulp en adviezen van business- en informatieanalisten.

2.3   Van requirements naar alternatieven

Voordat we alternatieven onderzoeken moeten we de SWOT-matrix compleet maken met maatregelen in de eerder genoemde categorieën:
- Het gebruikmaken van sterkten voor de kansen.
- Het gebruikmaken van sterkten voor het afwenden van bedreigingen.
- Het opheffen van zwakten die kansen in de weg staan.
- Het opheffen van zwakten die bedreigingen in de hand werken.

De sterkten en kansen vormen samen groeimogelijkheden.
De sterkten kunnen de organisatie bovendien verdedigen tegen bedreigingen.
De zwakten en bedreigingen leiden tot verandering, of terugtrekking uit risicovolle zaken.
Daarnaast moeten zwakten leiden tot verbeterpunten.

In figuur 2.6 zien we een ingevulde SWOT-matrix voor de supermarkt.

		INTERN	
		Sterkten	Zwakten
De SWOT-matrix :		• Goede naamsbekendheid • Groot aantal vaste klanten • Ligging in groeiwijk	• Onvoldoende zicht op houdbaarheid artikelen • Geen kennis vinologie • Ruimtegebrek in magazijn
E X T E R N	Kansen • Samengaan met naastgelegen slijterij mogelijk • Aanliggend pand komt te koop	• Koop zo goedkoop mogelijk in bij meerdere leveranciers • Geef vaste klanten aantrekkelijke kortingen	• Ga samen met slijterij • Sluit wijnenafdeling in supermarkt • Koop aanliggend pand
	Bedreigingen • Komst van levensmiddelenbedrijf in hard-discout segment in de buurt • Invoering parkeergeld ivm eerlijke concurrentie	• Vergoed parkeerkosten bij aankopen > € 25,-	• Bied artikelen daags voor verstrijken houdbaarheidsdatum met extra korting aan

Figuur 2.6   Volledig ingevulde SWOT-matrix voor een supermarkt

Met het oog op de aanpak van de maatregelen is het belangrijk om te weten tot welke soort de maatregel behoort. We onderscheiden er vier:
1. Inhoudelijke maatregelen.
2. Procedurele maatregelen.
3. Communicatieve maatregelen.
4. Culturele maatregelen.

Inhoudelijke maatregelen
Deze maatregelen hebben te maken met kennis, praktisch inrichten en technologie.
Kennis (en ervaring) speelt met name een rol, als een organisatie een zeer specifiek product voert (bijvoorbeeld een chipmachine bij ASML of een MRI-scanner bij Philips Healthcare), maar kan in alle soorten organisaties waarin behoud en borging van kennis belangrijk is (tijdelijk) om maatregelen vragen om problemen op te lossen.
Inhoudelijke maatregelen kunnen ook te maken hebben met de (kwaliteit van) technische middelen, infrastructuur, huisvesting, financiën en budget.

'Koop aanliggend pand' in figuur 2.3 is een voorbeeld van een inhoudelijke maatregel. Ook het vergoeden van parkeerkosten, het geven van aantrekkelijke kortingen aan vaste klanten en het zo goedkoop mogelijk inkopen zijn voorbeelden van inhoudelijke maatregelen.

Procedurele maatregelen

Deze maatregelen hebben te maken met prioriteiten, instructies en protocollen. Prioriteitsmaatregelen beogen duidelijk te maken wanneer bepaalde zaken voorrang krijgen boven andere en wie daarover mag beslissen. Maatregelen betreffende instructies en protocollen zijn belangrijk om een vast en betrouwbaar verloop van procedures te garanderen, in routinematige situaties, maar ook in minder vaak voorkomende situaties zoals het tijdig inlichten van een OR bij bepaalde organisatorische veranderingen. Belangrijk is dat de instructies en protocollen betrouwbaar zijn; zijn ze dat niet, dan volgt men in de praktijk eigen regels.

Samengaan van supermarkt en slijterij, sluiten van de wijnafdeling en met korting verkopen van artikelen die bijna over de datum zijn, zijn voorbeelden van procedurele maatregelen. Waarschijnlijk is het in de gegeven omstandigheden zinvol de wijnafdeling te sluiten, los van wat er met de slijterij gebeurt. Komt de slijterij erbij, dan is de wijnafdeling overbodig. Komt de slijterij er niet bij, dan is een niet goed functionerende wijnafdeling kansloos met een slijterij als concurrent om de hoek.

Communicatieve maatregelen

Deze maatregelen hebben te maken met macht, belangen, coalities en conflicten.
We noemen enkele situaties die om maatregelen vragen:
- Informatie (bewust) onthouden (bijvoorbeeld om iemand uitglijders te laten maken, en de eigen positie daardoor te versterken).
- Samenspannen, boycotten, dwarsbomen (is een vorm van weerstand, hier bedoeld om belangen te verdedigen of een machtspositie in te nemen).
- Samen niet door één deur kunnen (kan te maken hebben met verschil in sociale stijl van betrokkenen, maar vaak zitten er belangen achter).

In de in figuur 2.6 afgebeelde SWOT-matrix vinden we geen communicatieve maatregelen.

Culturele maatregelen

Deze maatregelen hebben te maken met waarden, normen, motivatie en weerstand.
Ook hier noemen we enkele situaties die om maatregelen vragen:
- Een groep dreigt, ten gevolge van een fusie van bedrijven of afdelingen, een stukje identiteit te verliezen.
- Ten gevolge van een 'wisseling van de wacht' in het management dreigt een mismatch in de aansturing en wijze waarop men aangestuurd wil worden, of in het verleden aangestuurd is.
- Een multinational vestigt zich in een land met andere sociale en religieuze gewoonten en gebruiken.

Figuur 2.7   Cultuur

In het rijtje van soorten maatregelen neemt de complexiteit toe van inhoud naar procedure naar interactie en naar cultuur, van boven naar beneden dus.

Als het budget te krap is, is wellicht een lening mogelijk. Als kennis niet toereikend is om het werk te doen, biedt een training uitkomst enzovoort.

Procedures aanpakken is een graadje moeilijker. Men moet zaken loslaten, en zich nieuwe zaken eigen maken. Dat duurt even.

Interactie waarbij macht, belang, coalitie of een conflict een rol speelt is nog weer lastiger. Er een partij in kiezen kan een hachelijke zaak zijn. Het moet wel gesignaleerd worden aan projectleider en management als het een 'bom onder het project' dreigt te worden.

Cultuur is de lastigste. Een cultuurverandering teweegbrengen kost veel tijd en inspanning. Op individueel niveau kan dat nog meevallen, maar niet op afdelings- of bedrijfsniveau.

Een maatregel is niet altijd eenduidig in te delen; soms past een maatregel in meerdere soorten. Zo hebben we het samengaan van supermarkt en slijterij een procedurele maatregel genoemd, maar daar kan een cultureel aspect bij komen, als bijvoorbeeld de slijterij een afdeling binnen de supermarkt gaat vormen, en de mensen die daar werkzaam zijn zich moeten gaan voegen naar de normen en waarden in de supermarkt.

Wel is het meestal mogelijk om aan te geven of een maatregel inhoudelijk/procedureel dan wel communicatief/cultureel is.

Het werkterrein van een Bia is de aanpak van inhoudelijke en procedurele maatregelen. In communicatieve en culturele maatregelen heeft hij een signalerende functie en geeft zo mogelijk adviezen.

Prioriteit

In het algemeen zijn niet alle maatregelen even urgent. Er moet dus een prioriteitstelling volgen, waarbij elke maatregel een urgentie-indicatie krijgt. Sommigen gebruiken daarvoor een cijferindicatie op de schaal van 1 (urgent) tot 5 (niet urgent). Anderen gebruiken het acroniem MoSCoW. De hoofdletters hierin staan voor Must have, Should have, Could have en Won't have.

In tabel 2.1 zien we een mogelijke prioritering voor de supermarkt, die in goed overleg tot stand komt:

Tabel 2.1   Maatregelen met prioriteiten

Maatregel	Inhoudelijk	Procedureel	Communicatief	Cultureel	Prioriteit
1. Bied artikelen daags voor het verstrijken van de houdbaarheidsdatum met extra korting aan		X			1
2. Ga samen met slijterij		X		X	3
3. Geef vaste klanten aantrekkelijke kortingen	X				2
4. Koop aanliggend pand	X				1
5. Sluit wijnafdeling in supermarkt		X			1
6. Vergoed parkeerkosten bij aankopen › € 25,-	X				2
7. Koop zo goedkoop mogelijk in bij meerdere leveranciers	X	X			1

Op grond van de maatregelen en prioriteiten vormt de Bia enkele strategische alternatieven. Hierbij bevat elk alternatief een subset van maatregelen die met elkaar een afgewogen, consistent en haalbaar geheel vormen en die projectmatig kunnen worden aangepakt.
Zijn professionaliteit speelt daarbij een belangrijke rol. Hij moet afwegen welke strategie het best past bij de organisatie:
- eerst doen wat de minste last geeft in de organisatie;
- eerst doen wat men het beste aankan;
- eerst doen wat de hoogste prioriteit heeft;
- eerst doen wat het meest oplost of opbrengt.

'Wat de minste last geeft' en 'wat men het beste aankan' is een kwestie van impact. Die moet voor elk alternatief goed in kaart worden gebracht. We denken daarbij terug aan COPAFIT en DESTEP.

Het vormen van strategische alternatieven kan niet zonder organisatiesensitiviteit (of organisatiebewustzijn). Om iets voor elkaar te krijgen is het belangrijk om te weten hoe de organisatie feitelijk in elkaar zit: tot welk type de organisatie behoort, welke taakcoördinatie wordt toegepast, wat het belangrijkste organisatieonderdeel is en welke typische kenmerken op de organisatie van toepassing zijn. Tabel 2.2 geeft daarvan een overzicht.

Figuur 2.8   'Wegen' van alternatieven

Tabel 2.2   Organisaties

Organisatietype	Coördinatie-mechanisme	Belangrijkste organisatie-onderdeel	Kenmerken	Voorbeeld
Eenvoudige structuur (Ondernemers-organisatie)	Direct toezicht	Directie, strategische top	Één ondernemer, aantal helpers	Autohandel, kleine winkel, nieuwe afdeling binnen een overheidsorganisatie
Machinebureaucratie (Machineorganisatie)	Standaardisatie van werkproces	Technische staf	Gespecialiseerd routinematig werk en procedures	Fabrieken voor massaproductie, postbedrijf, luchtvaartmaatschappij
Professionele bureaucratie	Standaardisatie van kennis en vaardigheden	Uitvoerders (professionals)	Uitvoerders zijn specifiek (vaak langdurig) geschoold voor het werk	School, ziekenhuis, advocatenkantoor, opleidingsinstituut
Divisiestructuur (Gediversificeerde organisatie)	Standaardisatie van uitvoer	Middenkader (divisie-managers)	Bestaan meestal uit een aantal machine-organisaties die rapporteren aan een centraal kantoor	Multinationals als Shell, Unilever, Philips
Adhocratie (Innovatieve organisatie)	Onderlinge afstemming	Ondersteunende staf en uitvoerende kern	Teams die in wisselende verbanden samenwerken	Filmbedrijf, reclamebureau, researchafdeling

Coördinatiemechanismen

De coördinatiemechanismen in tabel 2.2 zijn gebaseerd op het in 1979 gepubliceerde model van Henry Mintzberg. Het zijn er vijf:

1. Onderlinge afstemming (consensus) door informele communicatie.
2. Direct toezicht (supervisie) waarbij een besturend orgaan instructies geeft aan het bestuurd systeem en zelf, via eigen waarneming, toeziet op de naleving daarvan.
3. Standaardisatie van werkproces door de werkinhoud nauwkeurig te specificeren en te 'programmeren' met strakke procedures en voorschriften.

4. Standaardisatie van de uitvoer door het resultaat van het werk duidelijk vast te leggen in producteisen en kwaliteitseisen.
5. Standaardisatie van kennis en vaardigheden door kaders en richtlijnen. De uitvoerenden kunnen op grond van aanwezige vaardigheden zelfstandig handelen; een grote mate van autonomie is hierbij gewenst.

Bij 'consensus' en 'direct toezicht' vindt de coördinatie tijdens het werk plaats. Standaardisatie van werkproces, uitvoer en kennis en vaardigheden hebben met elkaar gemeen dat ze 'aan de ontwerptafel' ontstaan, voordat het daadwerkelijke werk plaatsvindt.

Hoe mensen met elkaar omgaan, en waarom, heeft voor een belangrijk deel te maken met taakcoördinatie. Veranderingen daarin kunnen verstrekkende gevolgen hebben en leiden gemakkelijk tot weerstand.

In de praktijk worden meestal twee of drie alternatieven opgesteld. Het opstellen van elk alternatief is een kwestie van wikken en wegen. Vaak worden meerdere keren wijzigingen aangebracht voordat een alternatief naar voren wordt geschoven, het is dus een iteratief proces. Uiteindelijk wordt één van de alternatieven als voorstel (proposal) aangedragen. Naast inhoudelijke zaken moet elk alternatief van een businesscase en een plan van aanpak worden voorzien. Dus niet alleen het voorstel (omdat dat waarschijnlijk wordt gekozen), maar alle alternatieven, omdat anders een reële vergelijking niet mogelijk is.

In de supermarkt zouden de volgende twee alternatieven kunnen worden opgesteld:
- Alternatief 1: alleen de maatregelen met prioriteit 1 in tabel 2.1 direct aanpakken en de overige maatregelen voorlopig doorschuiven.
- Alternatief 2: alle maatregelen van tabel 2.1 direct aanpakken.

De Bia schuift alternatief 1 als voorstel naar voren, om niet met te veel zaken tegelijk bezig te zijn in de organisatie. Het ligt voor de hand dat hij ICT-ondersteuning zal adviseren bij maatregel 7 van tabel 2.1.
De stuurgroep beslist over de alternatiefkeuze. Hier is dus, in termen van PRINCE2, sprake van een faseovergang.
Die beslissing kan inhouden dat:
- een van de alternatieven (waarschijnlijk het voorgestelde) gekozen wordt. Het is mogelijk dat er nog aanpassingen worden geëist (bijvoorbeeld minder requirements) voordat verdergegaan mag worden;
- alle alternatieven worden verworpen en het project stopt.

Als het project (onder voorbehoud) groen licht krijgt, kan de Bia, nadat hij de amendementen van de stuurgroep heeft verwerkt, zijn werk overdragen aan de ontwerpers.

2.4 Verslaglegging en verantwoording

Het presenteren van alternatieven en voorstel moet met zorg gebeuren. Veel hangt af van de kwaliteit van de verslaglegging en de onderbouwing van keuzes. We geven daarom een template voor een schriftelijk rapport ter afsluiting van een business- en informatieanalysetraject (figuur 2.9). De doel-middelenhiërarchie is hierin duidelijk herkenbaar. Het opstellen van dit rapport is een taak van de Bia, de presentatie ervan berust bij de projectleider.

1. Management summary
   1.1. Opdrachtomschrijving
   1.2. Verantwoording van business- en informatieanalysetraject
   1.3. Samenvatting business needs en requirements
   1.4. Oplossingsrichtingen en strategische alternatieven
   1.5. Voorstel
2. Huidige situatie
   2.1. Scope van opdracht
   2.2. Beschrijving van organisatie, passend bij scope
      2.2.1. Algemene organisatiekenmerken en business needs
      2.2.2. Processen, procedures, personeel, business requirements
      2.2.3. Informatievoorziening, business requirements
      2.2.4. ICT-systemen, system requirements
      2.2.5. Infrastructuur, system requirements
3. Alternatief 1
   3.1. Samenvatting alternatief
   3.2. Beschrijving verandering en impact
      3.2.1. Verandering in algemene organisatiekenmerken
      3.2.2. Verandering in processen, procedures en personeel
      3.2.3. Verandering in informatievoorziening
      3.2.4. Verandering in ICT-systemen
      3.2.5. Verandering in infrastructuur
      3.2.6. Businesscase en plan van aanpak voor alternatief 1
      3.2.7. Bijlagen
4. Alternatief 2
   4.1. Samenvatting alternatief
   4.2. Beschrijving verandering en impact
      4.2.1. Verandering in algemene organisatiekenmerken
      4.2.2. Verandering in processen, procedures en personeel
      4.2.3. Verandering in informatievoorziening
      4.2.4. Verandering in ICT-systemen
      4.2.5. Verandering in infrastructuur
      4.2.6. Businesscase en plan van aanpak voor alternatief 2
      4.2.7. Bijlagen
5. Voorstel
   5.1. Voorstel en motivatie
   5.2. Randvoorwaarden
   5.3. Verantwoording
   5.4. Bijlagen.

Figuur 2.9 Template rapport business- en informatieanalysetraject

2.5 Uit de praktijk

In dit hoofdstuk hebben we de SWOT-analyse als vertrekpunt gekozen voor het vinden van strategische alternatieven. Vaak zullen we meerdere soorten onderzoek in samenhang toepassen, waarbij elk soort weer nieuwe perspectieven aan het licht brengt voor strategievorming.

Vaak zien we, dat voor het realiseren van procesoptimalisatie in een organisatie een beproefde managementfilosofie wordt gevolgd, die doorwerkt in de hele organisatie. Voorbeelden daarvan zijn Lean manufacturing, Six Sigma en Lean Six Sigma. In hoofdstuk 5 gaan we verder in op deze managementfilosofieën.

3 Modelleren voor requirements

3.1 Inleiding

Modelleren is een belangrijk hulpmiddel om in kaart te brengen waar problemen zich voordoen in een organisatie en welke verandermogelijkheden de organisatie heeft. Belangrijke modellen betreffen bedrijfsprocessen en business classes voor de huidige en toekomstige situatie. Deze modellen vormen in dit hoofdstuk de hoofdmoot. We beperken ons daarmee tot de instrumentele kant van de organisatie, zoals processen en objecten. Communicatieve aspecten bespreken we in hoofdstuk 6.

Modelleren zorgt voor duidelijkheid, maar ook voor documentatie. Documentatie is essentieel als na oplevering van een systeem onderhoud moet worden gepleegd, als het ontwerp en de bouw van het systeem worden uitbesteed, als een pakket wordt aangeschaft of als de organisatie moet bewijzen haar processen op orde te hebben voor het behalen van een certificaat.

Business modeling is één van de ontwikkelingsdisciplines van RUP, Rational Unified Process. Dit wordt vaak toegepast in combinatie met UML, Unified Modeling Language, de modelleertaal voor objectgeoriënteerde en componentgebaseerde ontwikkeling. De technieken in dit hoofdstuk zijn ontleend aan de modelleertaal UML.

Vier modeltypen
In business modeling beschouwen we een organisatie vanuit twee perspectieven: onze 'kijkpositie' (*extern of intern*) en de soort business (*huidig of toekomstig*). Door deze perspectieven te combineren ontstaan vier modeltypen. Figuur 3.1 geeft hiervan een overzicht.
Bij de kijkpositie 'extern' plaatsten we onszelf buiten het waarnemingsgebied (de organisatie als geheel, of een deel daarvan) en bekijken we op basis van welke impulsen de business in actie komt, en welke respons de business daarop geeft, zonder daarbij kennis te hebben van de interne organisatie van de business. We doen dit voor zowel de huidige als toekomstige situatie.
De technieken die we daarbij gebruiken zijn:
- event list;
- use case diagram;
- use case beschrijving;
- activity diagram (optioneel);
- model van business classes.

Bij de kijkpositie 'intern' bekijken we hetzelfde waarnemingsgebied als bij 'extern', maar we zien nu wie in de organisatie betrokken is bij de uitvoering.
We gebruiken dezelfde technieken als voor 'extern', maar met enkele details extra.

Soort business	
Huidig	Toekomstig

		Huidig	Toekomstig
Kijkrichting	Extern: WAT	Business use case model huidige business	Business use case model toekomstige business
	Intern: HOE	Use case realisaties huidige business	Use case realisaties toekomstige business

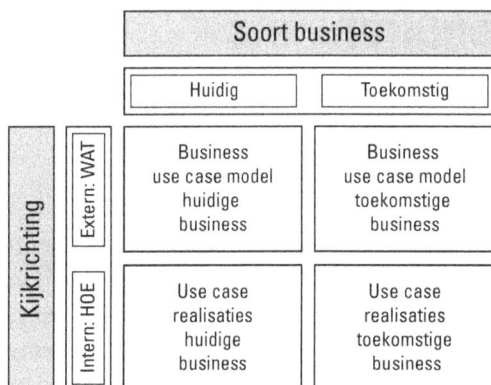

Figuur 3.1   Vier modeltypen bij business modeling

De praktijk wijst uit dat bedrijven weinig aandacht besteden aan het bijhouden van organisatieschema's en procedurebeschrijvingen van de interne organisatie. In automatiseringsprojecten ziet men hier vaak geen aanleiding toe omdat het beschrijven van de huidige situatie tijd kost en omdat de nieuwe situatie toch anders zal zijn. Wij raden sterk aan om toch ook voldoende aandacht te besteden aan de huidige situatie (de IST-situatie), om zo beter in staat te zijn de veranderingen te begrijpen en weer te geven.

3.2   Werkwijze business modeling

In figuur 3.2 zijn de stappen (a tot en met m) weergegeven die moeten leiden tot een beeld van de huidige en de toekomstige business en op grond waarvan we kunnen bepalen welke ondersteuning een informatiesysteem moet bieden.

a.	Stel de requirements vast.
b.	Stel een business event list op (huidige situatie).
c.	Stel een business use case diagram op (huidige situatie).
d.	Beschrijf de use cases.
e.	Voeg activity diagrams toe voor complexe use cases.
f.	Stel een model op van use case realisaties (huidige situatie).
g.	Vul de verantwoordelijkheidsmatrix in (huidige situatie).
h.	Stel een model op van business classes (processen, huidige situatie).
i.	Vul de verantwoordelijkheidsmatrix in (classes, huidige situatie).
j.	Zorg voor afstemming tussen use cases en business classes.
k.	Zorg voor verificatie van het geheel.
l.	Bepaal de gewenste verandering.
m.	Herhaal de stappen b tot en met k voor de nieuwe business.

Figuur 3.2   Werkwijze business modeling

We beschrijven elke stap in een afzonderlijke paragraaf.

3.2.1 Stel de requirements vast

Wat onderzocht moet worden, en waarom, is een zaak van de opdrachtgever. Hij dient ondubbelzinnig aan te geven welke problemen er spelen in (een deel van) de organisatie: problemen die om oplossingsrichtingen vragen, of innovatieve maatregelen die hij wil treffen om de bedrijfsvoering te verbeteren. De opdrachtgever heeft een doel voor ogen en formuleert requirements om dat doel te bereiken.

Een Bia helpt hem daarbij door samen de requirements in de organisatie op te sporen, te analyseren en ze gestructureerd vast te leggen. Door middel van modellen maakt de Bia daarbij duidelijk hoe de organisatie nu werkt (de IST-situatie) en straks behoort te werken (de SOLL-situatie) op basis van ingevulde requirements.

In dit hoofdstuk bespreken we een reeks technieken en methoden om requirements boven water te krijgen en uit te werken. Iedere stap van dit traject zullen we illustreren met een concrete casus, namelijk een supermarkt die onder andere als doel heeft, om het aantal klachten van klanten over geleverde consumptieartikelen terug te dringen.

Eén van de (functionele) requirements waarmee dit doel bereikt kan worden, luidt dan als volgt: *'consumptieartikelen waarvan de uiterste verkoopdatum is verstreken, zullen niet worden verkocht'.*

Het gevolg van deze requirement is dat de organisatie maatregelen moet treffen om dagelijks (voordat de winkel open gaat) alle consumptieartikelen te controleren op uiterste verkoopdatum, en artikelen uit de schappen te verwijderen waarvan de datum verstreken is. Hieruit kunnen we bijbehorende requirements afleiden: *'alle consumptieartikelen zijn voorzien van een uiterste verkoopdatum'* en *'de uiterste verkoopdatum op consumptieartikelen is in voor mensen leesbare vorm vastgelegd'.* Zodoende ontstaat een requirementshiërarchie als in figuur 3.3.

Nr	Business Requirement
1	consumptieartikelen waarvan de uiterste verkoopdatum is verstreken, zullen niet worden verkocht
1.1	alle consumptieartikelen zijn voorzien van een uiterste verkoopdatum
1.2	de uiterste verkoopdatum op consumptieartikelen is in voor mensen leesbare vorm vastgelegd

Figuur 3.3   Business requirements voor de casus 'supermarkt'

Het is belangrijk dat de requirements zeer goed beschreven zijn. Met onjuiste, onvolledige of inconsistent beschreven requirements kunnen we een project niet tot een goed einde brengen. In hoofdstuk 1, 'Verkenning', gaven we al aan wat de belangrijkste eisen zijn waaraan requirements moeten voldoen. Hieronder zijn ze nogmaals opgesomd:
- Uniek identificeerbaar.
- Atomair (niet meer dan één eis of beperking tegelijk).
- Eenduidig (maar op één manier te interpreteren).
- Voorzien van een rationale (een beredeneerde uiteenzetting).
- Vrij van implementatiedetails.

- Traceerbaar naar boven en beneden in de doel-middelenhiërarchie (zie figuur 1.6), en tevens naar de persoon of instantie die de requirement opstelde.
- Verifieerbaar en testbaar (SMART: Specifiek, Meetbaar, Acceptabel, Realistisch, Tijdgebonden).
- Prioriteit is aangegeven.

ISO 25010-norm voor kwaliteitskenmerken

Het is belangrijk dat een Bia niet alleen functionele requirements in beeld brengt, maar ook de niet-functionele requirements, ook wel kwaliteitskenmerken genoemd. Als werkende systemen op enig moment falen, is dat vaak te wijten aan het feit dat er geen requirements voor vastgesteld zijn en waar dan ook geen rekening mee is gehouden. Bekende voorbeelden zijn het zoekraken van 730.000 digitale aangiftes bij de Nederlandse Belastingdienst in 2007, en een foutieve koerscorrectie van een Europese satelliet die volgens instructie in inches werd doorgegeven maar metrisch werd geïnterpreteerd en uitgevoerd. Natuurlijk kunnen we ook fouten maken als we testen of er aan de requirements wordt voldaan, maar de meeste fouten in de praktijk zijn het gevolg van niet-gestelde of impliciet veronderstelde requirements.

Gelukkig is er een norm die de Bia helpt bij het in kaart brengen van alle requirements. Deze norm is ISO/IEC 25010 en draagt als titel: 'Systems and software engineering – Systems and software Quality Requirements and Evaluation (SQuaRE) – System and software quality models'. Deze norm geeft een volledig beeld van alle soorten kwaliteitskenmerken, verdeeld over productkwaliteit en kwaliteit tijdens gebruik. We vinden daarin onder andere de volgende categorieën van requirements:
1. Functionele compleetheid, correctheid en toepasselijkheid.
2. Prestatie-efficiëntie.
3. Uitwisselbaarheid.
4. Bruikbaarheid.
5. Betrouwbaarheid.
6. Veiligheid.
7. Onderhoudbaarheid.
8. Overdraagbaarheid.

De categorieën 2 tot en met 8 worden in de praktijk aangeduid met 'niet-functionele requirements'. Elke categorie is weer onderverdeeld in een aantal subcategorieën. De indeling helpt om alle requirements boven water te krijgen zodat we niets over het hoofd zien.

In figuur 3.3 zien we één functionele requirement, met nummer 1, en twee daaruit afgeleide requirements met de nummers 1.1 en 1.2. Ze betreffen de huidige situatie. Op dit moment zijn nog geen kwaliteitseisen geformuleerd.

3.2.2   Stel een business event list op

Een event is een prikkel die 'van buiten' komt. De business *moet* erop reageren.

De reactie van de business op een event is de uitvoering van een bedrijfsproces, een use case, waarin alle activiteiten worden verricht om een gewenst resultaat te behalen. We onderscheiden twee soorten events: stroomevents en tijdevents (figuur 3.4).

Events	
Stroomevent	Tijdevent
Onvoorspelbaar moment van optreden; initiërende actor bepaalt moment	Optreden op vaste momenten; geen initiërende actor, 'klok' bepaalt moment
Notatie: <naam initiërende actor> <naam gebeurtenis>	Notatie: <'het is tijd om'><naam respons>
Initiërende actor — Use case — Niet-initiërende actor	Use case — Niet-initiërende actor

Figuur 3.4   Events

Een stroomevent vindt op niet-vaste tijdstippen plaats en op initiatie van een primaire actor. Bij de uitvoering van het bedrijfsproces kunnen ook andere, niet-primaire actoren betrokken zijn, als bron, bestemming of beide. De primaire actor geeft, bij initiatie van het proces, ook iets af aan dat proces, dat daarmee 'aan de slag kan'. Dat 'iets' kan zowel informatie als materie zijn. Komt bijvoorbeeld de leverancier verse artikelen leveren aan de supermarkt, dan is er een stroom-event dat we als volgt noteren: *'leverancier levert artikelen'*. Naast artikelen (materieel) zal ook informatie over de artikelen worden gegeven in termen van aantal, soort en dergelijke.

Zijn er vaste momenten waarop een bedrijfsproces wordt gestart, zonder dat een primaire actor dit initieert, dan spreken we van een tijdevent. Het dagelijks verwijderen van consumptieartikelen uit de supermarkt, waarvan de uiterste verkoopdatum verstreken is, wordt door zo'n tijdevent in werking gezet. Het ligt voor de hand om in het proces niet alleen de verkoopdatum te controleren, maar ook de voorraadhoogte. Mocht blijken dat de voorraad van een artikel moet worden aangevuld (misschien wel ten gevolge van afschrijving), dan wordt een bestelitem toegevoegd aan een bestellijst, die naar een leverancier wordt gestuurd. De event wordt dan als volgt geformuleerd: *'het is tijd om de voorraden van consumptieartikelen te controleren'*.

Een ander voorbeeld van een event voor de supermarkt is: *'klant koopt artikelen'*, dit is net als *'leverancier levert artikelen'* een stroomevent. De drie tot dusver verzamelde events plaatsen we in de business event list van figuur 3.5.

We zien dat de event list is aangevuld met acties. In deze fase van requirements modelleren, waarin we de business events in kaart brengen, zijn dit nog globale aanduidingen van wat er gebeurt in de business. In een later stadium, als we per use case alle mogelijke werkstromen beschrijven, worden de acties pas concreet.

Nr	Naam	Soort	Acties
1	Leverancier levert artikelen	Stroom-event	artikelen controleren, registreren en opslaan
2	Het is tijd om de voorraden van consumptieartikelen te controleren	Tijd-event	Voorraden van consumptieartikelen op peil houden, en artikelen waarvan de uiterste verkoopdatum verstreken is, uit de schappen verwijderen
3	Klant koopt artikelen	Stroom-event	Inhoud winkelwagen bij kassa afrekenen

Figuur 3.5   Business event list voor de casus 'supermarkt'

3.2.3   Stel een business use case diagram op

Een business use case is een event-responsproces dat wordt uitgevoerd zodra een business event plaatsvindt. Het proces bevat alle acties die nodig zijn om de event volledig af te handelen.

In figuur 3.5 zien we drie events. Er moeten daarom ook drie use cases komen om die events af te handelen. Voor event 1 is dat 'Artikelen ontvangen', voor event 2 'Voorraden artikelen op peil houden' en voor event 3 'Artikelen verkopen'. Wat opvalt is dat de benaming van de use cases vanuit de business 'vertrekt', terwijl die van de events dat vanuit de omgeving doet. We zien het dus als volgt: de event 'Klant koopt artikelen' veroorzaakt de uitvoering van een proces waarin de business artikelen verkoopt aan de klant.

Om een helder overzicht te krijgen van de events en actoren maken we gebruik van een business use case diagram. In figuur 3.6 is het business use case diagram voor de supermarkt uitgewerkt.

In dit voorbeeld is 'Klant' de primaire actor, die de event 'Klant koopt artikelen' initieert. Het is ook de enige actor die bij deze use case betrokken is.

Bij de use case 'Artikelen ontvangen' is de primaire actor de leverancier. En dan is er nog de use case 'Voorraden artikelen op peil houden'. De uitvoering vindt dagelijks plaats op basis van een tijd-event. Er is dus een soort klok die als actor fungeert om tijdevents te starten. Die 'klokactor' laten we weg, omdat die geen deel van een organisatie is. Wel zijn er twee niet-primaire actoren, de afvalverwerking waar de artikelen naar toe gaan die uit de schappen worden verwijderd, en de leverancier waar de bestellijsten naar toe gaan.

Actoren bevinden zich in de omgeving van het aandachtsgebied, de use cases maken deel uit van dit aandachtsgebied, dat we symbolisch weergeven met een rechthoek, waar de use cases binnen vallen en de actoren buiten staan. Met dit 'hekwerk' bakenen we het aandachtsgebied af. De primaire actoren plaatsen we links, de niet-primaire actoren rechts.

We zien dat het diagram verbindingslijnen bevat tussen actoren en use cases. Dat zijn 'associaties', die symbool staan voor de communicatie tussen actor en use case. De communicatie, die zowel materieel als immaterieel mag zijn, kan in beide richtingen (van actor naar use case en omgekeerd) plaatsvinden. Het is gebruikelijk om associaties niet te benoemen. De communicatie wordt uiteindelijk duidelijk in de beschrijving van de use case.

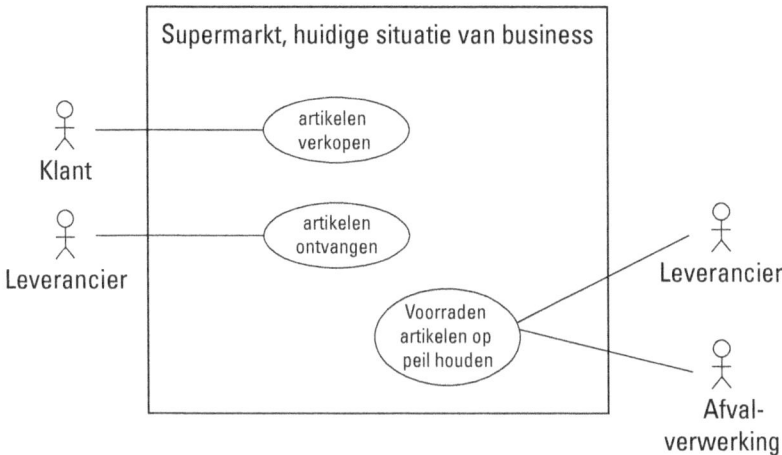

Figuur 3.6 Business use case diagram voor de casus 'supermarkt'

Over de use case 'Artikelen ontvangen' nog het volgende. De leverancier initieert de levering, maar vervult aan het eind van het proces ook een niet-primaire rol omdat de organisatie de leverancier betaalt. De leverancier wordt dan alleen links getekend: de associatie laat immers communicatie in twee richtingen toe.

Ongetwijfeld zijn er meer use cases die van belang zijn in de supermarkt, maar we beperken ons hier tot de genoemde drie. Belangrijk is dat het diagram, zoals in figuur 3.6, duidelijk is voorzien van een naam, die aangeeft welke business in kaart wordt gebracht, en of het de huidige dan wel de toekomstige situatie betreft.

3.2.4 Beschrijf de use cases

We beschrijven nu de use case 'Artikelen verkopen' en volgen daarbij een template (een sjabloon of standaard invulformulier), zie figuur 3.7.

Een proceseigenaar is de persoon die de verantwoordelijkheid heeft ervoor te zorgen dat het proces aan de bedrijfsdoelen en verwachtingen van klanten voldoet. Hij heeft de bevoegdheid om te bepalen hoe een proces verloopt. Met het oog op mogelijke veranderingen in een bedrijfsproces is het goed te weten wie we daarover moeten aanspreken.

Essentieel onderdeel van de beschrijving vormen natuurlijk de werkstromen. Alle mogelijke alternatieven moeten volledig worden beschreven. Soms is de naam van de activiteit alleen voldoende, soms moet er uitleg bij. Onder 'Organisatie rekent af' zien we een voorbeeld van zo'n uitleg (in cursieve tekst).

3.2.5 Voeg activity diagrams toe voor complexe use cases

Een use case als 'Artikelen verkopen' is nog goed te overzien. Er zijn weinig acties, verdeeld over slechts twee werkstromen. Maar ook voor deze use case kunnen we een activity diagram opstellen dat alle acties en stromen grafisch en overzichtelijk weergeeft. Activity diagrams behoren tot de modelleertaal UML. In figuur 3.8 zien we het activity diagram.

Use case naam	Artikelen verkopen
Korte omschrijving	Verkopen van artikelen aan klanten die daarvoor contant betalen
Proceseigenaar	Afdeling Verkoop
Doelen	Foutloze kassaverkoop, duidelijke verkoopbon (het verstrekken daarvan is optioneel)
Geassocieerde actoren	Klant (primair)
Werkstromen	

Basis werkstroom [klant zonder klantkaart]	Alternatieve werkstroom [klant met klantkaart]
1. Organisatie verrekent verkoop artikel	1. idem
[Zolang er nog artikelen zijn] terug naar 1	idem
2. Organisatie rekent af *Incasseer betaling en maak verkoopbon*	2. Organisatie registreert kaartbezit
	3. Organisatie vermindert totaal verkopen met klantkorting
	4. Organisatie rekent af *Incasseer betaling en maak verkoopbon*
Additioneel	
Betaalmogelijkheid moet zowel contant als elektronisch zijn	

Figuur 3.7   Use case beschrijving voor de casus 'supermarkt'

Figuur 3.8   Activity diagram voor de casus 'supermarkt'

Vergelijken we de use case beschrijving met het activity diagram, dan zien we dat elke regel van de beschrijving een activity oplevert in het activity diagram. Het diagram begint met een iteratie waarbij de inhoud van de winkelwagen langs de kassa gaat en daar wordt aangeslagen, waarbij tevens het totaalbedrag wordt bijgehouden. Tot zover lopen beide werkstromen gelijk op. Daarna ontstaat pas een verschil doordat een klantkaart mogelijk kortingen op het eindbedrag oplevert. Tenslotte wordt afgerekend, waarbij betaald wordt en de verkoopbon verstrekt.

Complexe use cases, met een groot aantal acties en alternatieve werkstromen, zijn met een activity diagram in het algemeen beter te overzien dan in vorm van tekst. Wel kan het nodig zijn om sommige activiteiten van een korte verklaring te voorzien. Een activity diagram stelt ons verder in staat de volgende stap te zetten, waarbij we de organisatie koppelen aan de processen.

3.2.6 Stel een model op van use case realisaties

Tot dusver hebben we de business vanuit een extern gezichtspunt bekeken, in termen zoals dat in figuur 3.1 is beschreven. We zetten nu een volgende stap door de blik op de interne processen te richten, en waarbij we ons afvragen hoe, met welke interne organisatie, de business de processen aanpakt.

Over 'Artikelen verkopen' in de supermarkt kunnen we snel duidelijk zijn: alle acties worden door een kassabediende verricht. Anders ligt het bij de use case 'Artikelen ontvangen'. Laten we eerst de werkstromen bekijken, figuur 3.9.

Use case naam	Artikelen verkopen
Werkstromen	
1. Organisatie registreert ontvangst van de door de leverancier aangeleverde verpakkingseenheden	
2. Organisatie controleert verpakkingseenheid visueel	
[OK]	[verpakkingsschade]
-	3. Organisatie retourneert verpakkingseenheid
	[Zolang er nog verpakkingseenheden zijn] terug naar 1
4. Organisatie controleert bestellijst	
[besteld]	[niet besteld]
5. Organisatie noteert levering op bestellijst	6. Organisatie retourneert verpakkingseenheid
[Zolang er nog verpakkingseenheden zijn] terug naar 1	
7. Organisatie slaat artikelen op in magazijn	
8. Organisatie vult rekken vanuit opslag	
9. Organisatie betaalt het door leverancier gefactureerde bedrag voor de levering	

Figuur 3.9 Werkstromen 'Artikelen ontvangen' voor de casus 'supermarkt'

Het activity diagram zien we in figuur 3.10. Het is geen 'gewoon' activity diagram, want we hebben de activiteiten toegewezen aan verantwoordelijke organisatie-eenheden. Elke activiteit valt in precies één partition of 'swimlane', aan het hoofd waarvan de verantwoordelijke organisatie-eenheid staat.

3.2.7 Vul verantwoordelijkheidsmatrix in (huidige situatie)

In figuur 3.10 zagen we wie de verantwoordelijkheid draagt met betrekking tot activiteiten van de use case 'Artikelen ontvangen'. Nu zijn er nog twee andere use cases, 'Artikelen verkopen' en 'Voorraden artikelen op peil houden'. In de praktijk is het mogelijk dat niet voor alle use cases activity diagrams worden opgesteld. Om toch inzicht te krijgen in hoe de activiteiten van alle use cases in de organisatie belegd zijn, is het nodig om een RACI-matrix op te stellen. Het is een onderdeel van besturingsanalyse. In het nu volgende voorbeeld beperken we ons tot de invulling voor 'Artikelen ontvangen' (figuur 3.11).

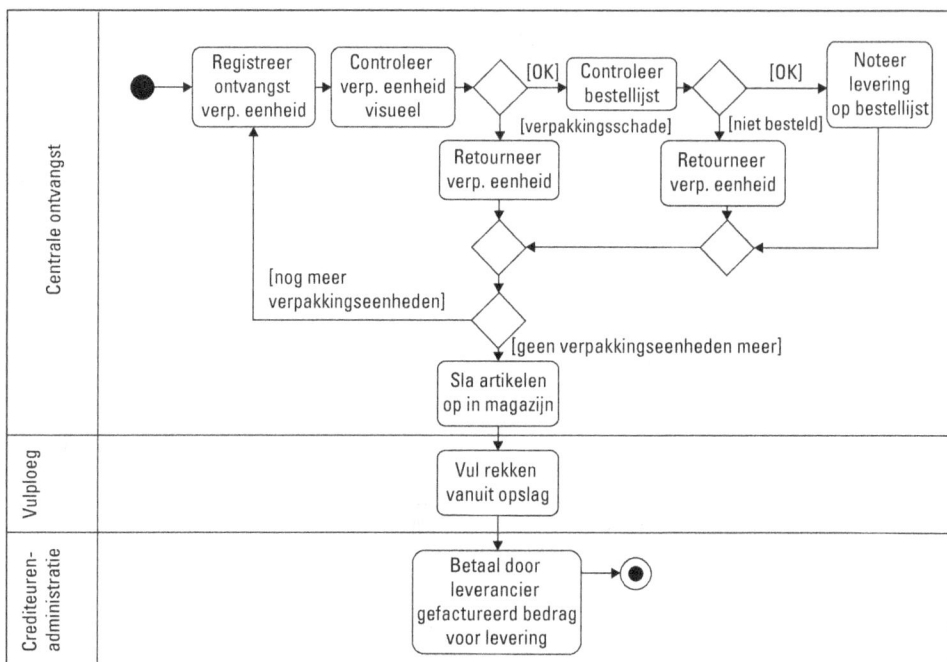

Figuur 3.10　Activity diagram met partitions (swimlanes) voor de casus 'supermarkt'

Organisatie / Processen	Crediteuren-administratie	Vulploeg	Inkoop	Centrale ontvangst
Registreer ontvangst verp. eenheid				R
Controleer verp. Eenheid visueel				R
Retourneer verp. eenheid	I		I	R
Controleer bestellijst				R
Noteer levering op bestellijst	I		I	R
Sla artikelen op in magazijn		I		R
Vul rekken vanuit opslag		R		
Betaal door leverancier gefactureerd bedrag voor levering	R			

Figuur 3.11　RACI-matrix voor de processen voor de casus 'supermarkt'

De invulling van de organisatiedelen is ontleend aan het organogram van figuur 3.12.

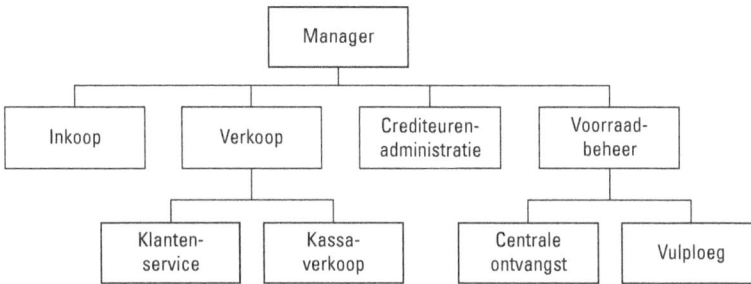

Figuur 3.12   Organogram voor de casus 'supermarkt'

RACI is het acroniem voor Responsible, Accountable, Consulted en Informed. De RACI-matrix wordt gebruikt om de rollen en verantwoordelijkheden weer te geven van de personen die bij een project of lijnwerkzaamheden betrokken zijn.

Responsible (verantwoordelijk)
- Dat zijn degenen die het werk doen. Ze leggen verantwoording af aan de persoon die *accountable* is. Ze dragen zelf de verantwoordelijkheid voor het werk dat ze verrichten.
Accountable (eindverantwoordelijk):
- Degene die (eind)verantwoordelijk c.q. bevoegd is. Als het erom gaat, moet hij het eindoordeel kunnen vellen en vetorecht hebben. Voor bijvoorbeeld 'Betaal levering' zal dat hoogst waarschijnlijk het hoofd van de Financiële administratie zijn.
Consulted (raadplegen):
- De persoon die voorafgaand aan beslissingen wordt geraadpleegd.
Informed (informeren):
- De persoon die achteraf geïnformeerd wordt over de genomen beslissingen, de voortgang, bereikte resultaten enzovoort.

3.2.8   Stel een model op van business classes

Met use cases en activity diagrams brengen we de proceskant van de business in beeld. Bij de uitvoering van processen wordt voortdurend informatie gegenereerd, veranderd en verwijderd. Het is belangrijk dat we de structuur van de informatie kennen. Daar hebben we een ander modeltype voor nodig: een model van business classes.

Om tot een model van business classes te komen gebruiken we de use case beschrijvingen als 'opstap'. We beginnen met 'Artikelen ontvangen'.
Regel 1 luidt: '*Organisatie registreert ontvangst verpakkingseenheid*'.
Een verpakkingseenheid is een hoeveelheid van een artikelsoort, kortweg 'artikel' genoemd, in bijvoorbeeld een doos (verpakking). Het 'achterliggende' model voor regel 1 zien we in figuur 3.13.

Figuur 3.13   Submodel Verpakkingseenheid voor de casus 'supermarkt'

Het model bevat twee classes, 'verpakkingseenheid' en 'artikel'. De verbindingslijn tussen de classes staat voor een associatie tussen beide. Omdat het model van business classes nog niet volledig is, noemen we het model een submodel.

Voor regel 2 van de basiswerkstroom is hetzelfde submodel van toepassing als voor regel 1.

Voor regel 3, '*Organisatie retourneert verpakkingseenheid*', is een traceerbaar verband nodig van verpakkingseenheid naar de instantie waaraan geretourneerd wordt: de leverancier. De verpakkingseenheden worden verzameld onder levering, en levering is geassocieerd met leverancier. In figuur 3.14 is het submodel hiervan weergegeven.

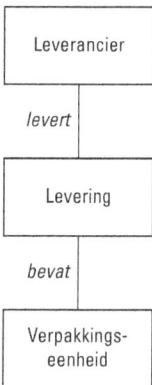

Figuur 3.14   Submodel Levering retour voor de casus 'supermarkt'

Voor regel 4, '*Organisatie controleert bestellijst*', is kennis nodig van de structuur 'achter de bestellijst'. Een bestellijst is gericht aan een leverancier. De lijst bevat een aantal bestelitems, waarbij in elk item een hoeveelheid van een artikel wordt besteld.

Dat levert het submodel van figuur 3.15 op.

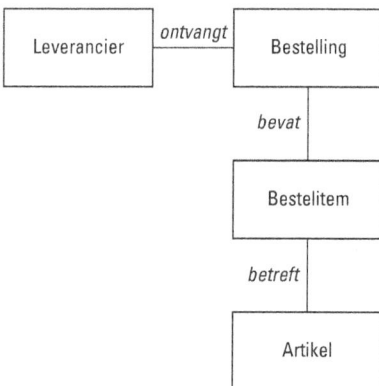

Figuur 3.15   Submodel Bestelling voor de casus 'supermarkt'

Regel 5, '*Organisatie noteert levering op bestellijst*', vraagt om een verband tussen verpakkings-eenheid en bestelitem. Het submodel daarvoor zie je in figuur 3.16.

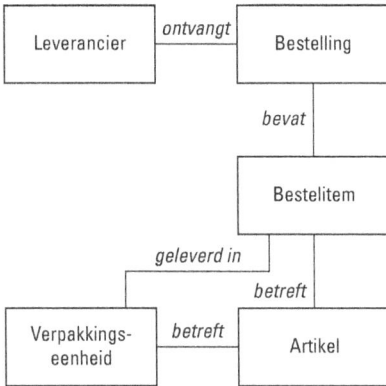

Figuur 3.16 Submodel Bestellijst update voor de casus 'supermarkt'

Voor regel 6, '*Organisatie retourneert verpakkingseenheid*', is figuur 3.14 opnieuw van toepassing.

Voor de regels 7, '*Organisatie slaat artikelen op in magazijn*' en 8, '*Organisatie vult rekken vanuit opslag*' is figuur 3.13 opnieuw van toepassing.

Regel 8 ten slotte vraagt om een verband tussen 'Levering' en 'Betaling': zie figuur 3.17.

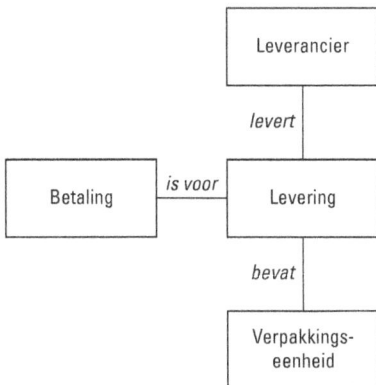

Figuur 3.17 Submodel Betaling voor de casus 'supermarkt'

De organisatie betaalt voor de levering van verpakkingseenheden die niet geretourneerd zijn.

We kunnen nu de submodellen van de figuren 3.13 tot en met 3.17 samenvoegen tot één model voor '*Artikelen ontvangen*'. Het resultaat daarvan zien we in figuur 3.18.

Ook het model van 'Artikelen ontvangen' is een submodel. Voor het volledige model van business classes moeten we de submodellen van de overige use cases samenvoegen met het submodel van 'Artikelen ontvangen'.

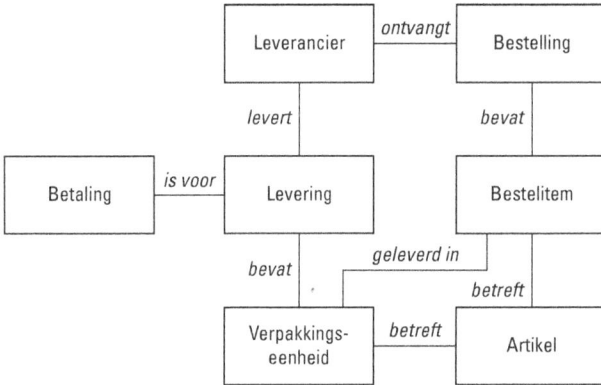

Figuur 3.18   Submodel Artikelen ontvangen voor de casus 'supermarkt'

We gaan ervan uit, dat het submodel van 'Voorraden artikelen op peil houden' overeenkomt met het model van figuur 3.15, met één extra associatie, die tussen Artikel en Leverancier. En 'Artikelen verkopen' kan volstaan met Artikel en Klant, waarbij Klant de houder van de klantkaart is.

Het uiteindelijke model van business classes voor de supermarkt zien we in figuur 3.19. In het model zijn tevens multipliciteitstekens toegevoegd bij de associaties.

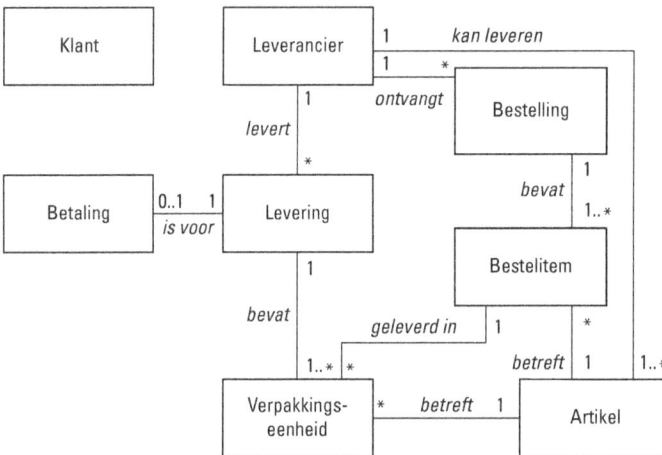

Figuur 3.19   Business classes voor de casus 'supermarkt'

Multipliciteitstekens geven aan welke links (relaties) er mogelijk zijn tussen objecten van classes. De meest gangbare multipliciteitstekens zijn:
- * voor 0 en maximaal een onbepaald aantal;
- 0..1 voor minimaal 0 en maximaal 1;
- 1 voor minimaal 1 en maximaal 1, dus precies 1;
- 1..* voor minimaal 1 en maximaal een onbepaald aantal.

We bekijken enkele voorbeelden in figuur 3.19.
De relatie 'levert' tussen Leverancier en Levering draagt een multipliciteit van 1 aan de kant

van Leverancier, en een multipliciteit van * aan de kant van Levering. Dat betekent dat één object van Leverancier verbonden is met minimaal 0 en maximaal een onbepaald aantal objecten van Levering, terwijl een object van Levering verbonden is met minimaal 1 en maximaal 1, dus precies één object van Leverancier.

De relatie 'is voor' tussen Betaling en Levering draagt een multipliciteit van 0..1 aan de kant van Betaling en een van 1 aan de kant van Levering. Dat betekent dat een object van Betaling verbonden is met minimaal 1 en maximaal 1, dus precies één object van Levering, terwijl een object van Levering verbonden is met minimaal 0 en maximaal één object van Betaling.

Voor de volledige uitleg van figuur 3.19 voegen we een ingevuld voorbeeld toe, een objecten-diagram waarin classes zijn weergegeven door ovalen en objecten door stippen. De getrok-ken lijnen tussen de objecten zijn zogeheten links. Per class hebben we maar een beperkt aantal objecten opgenomen. Zie figuur 3.20.

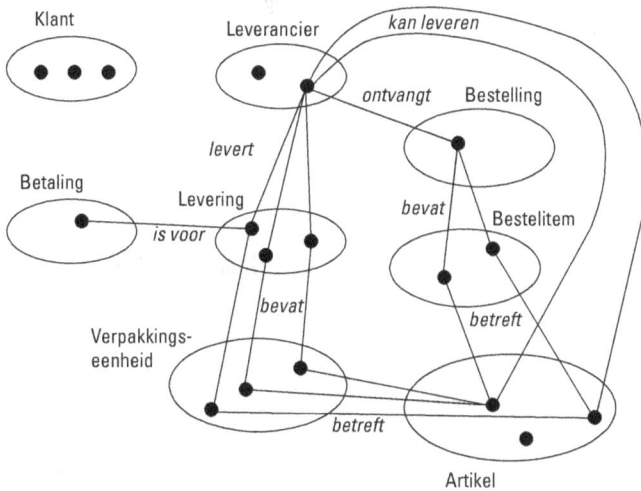

Figuur 3.20   Objectendiagram van de casus 'supermarkt'

Een levering bijvoorbeeld kan maar door één leverancier geleverd zijn (1 bij Leverancier in figuur 3.19, en links uitgaande van elk object in Levering naar telkens één object van Leverancier in figuur 3.20). Een leverancier kan op enig moment in de tijd 0 of meer leve-ringen hebben uitstaan (* bij Levering in figuur 3.19, en links uitgaande van een object in Leverancier naar meerdere objecten van Levering in figuur 3.20). Op deze manier kunnen we het hele class diagram van figuur 3.19 nalopen en zien wat de betekenis daarvan is in het objectendiagram van figuur 3.20.

Nu zien we in figuur 3.20 een mogelijk probleem opdoemen. Laten we beginnen bij de objecten van Verpakkingseenheid. De links via Levering naar Leverancier volgend komen we bij één object van Leverancier uit. Volgen we de links naar Artikel, dan komen we bij twee objecten van Artikel uit. Volgen we de links vanuit deze twee objecten van Artikel naar Leverancier, dan komen we bij één object van Leverancier uit. Dat is maar goed ook, anders hadden we een tegenspraak ontdekt: een leverancier kan nu eenmaal geen verpakkingseenheden leveren van artikelen die hij niet kan leveren. Toch belet niets ons om die tegenspraak te creëren, tenzij een regel ons belet om dat te doen. Zo'n regel noemen we een business rule.

In een class diagram kunnen we business rules als deze niet kwijt. We moeten ze apart noteren bij het class diagram. De business rule die we zojuist ontdekten ziet er dan als volgt uit:

Artikel in Verpakkingseenheid geleverd in Levering door Leverancier impliceert: Leverancier kan leveren Artikel.

Het is een business rule die verbanden aangeeft tussen relatietypen. Maar er zijn meer situaties waarin business rules noodzakelijk zijn. Hier volgt een overzicht. Zie figuur 3.21 voor de notaties.

1. Attribuuttypen waarvan de waarden gekoppeld zijn aan de waarden van andere attribuuttypen. Bijvoorbeeld, de verkoopprijs van een artikel ligt niet lager dan de inkoopprijs.
2. De mogelijke waarden die een attribuuttype kan aannemen. Voorbeeld: de stadia van een bestelling zijn 'besteld', 'goedgekeurd', 'verzendklaar' en 'verzonden'.
3. Verbanden tussen relatietypen. Zie het hiervoor gegeven voorbeeld.
4. Veranderingen die de waarde van een attribuuttype kan ondergaan. Bijvoorbeeld, de stadia van een bestelling volgen elkaar op in een zekere volgorde: van 'besteld' naar 'goedgekeurd' naar 'verzendklaar' en tot slot naar 'verzonden'.

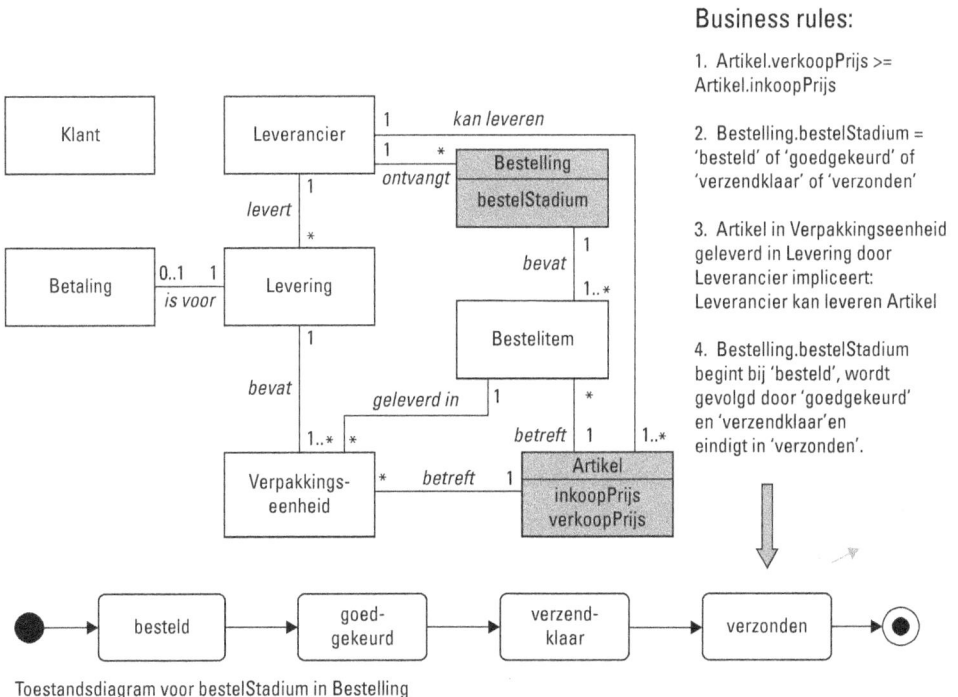

Business rules:

1. Artikel.verkoopPrijs >= Artikel.inkoopPrijs

2. Bestelling.bestelStadium = 'besteld' of 'goedgekeurd' of 'verzendklaar' of 'verzonden'

3. Artikel in Verpakkingseenheid geleverd in Levering door Leverancier impliceert: Leverancier kan leveren Artikel

4. Bestelling.bestelStadium begint bij 'besteld', wordt gevolgd door 'goedgekeurd' en 'verzendklaar' en eindigt in 'verzonden'.

Toestandsdiagram voor bestelStadium in Bestelling

Figuur 3.21   Business rules van de casus 'supermarkt'

Voor business rule 4 is onderaan in figuur 3.21 een toestandsdiagram opgenomen.

Business rules worden ook wel aangeduid met integriteitsregels. Het doel daarvan is twee-ledig. Op de eerste plaats leggen we ermee vast aan welke regels informatieverzamelingen moeten voldoen. Het tweede doel ligt iets verder weg maar is niet minder belangrijk: integriteit van gegevens die aan een database zijn toevertrouwd.

Nu we het over integriteit hebben willen we nog twee andere begrippen noemen: accuratesse en consistentie. Deze drie begrippen worden in de praktijk wel eens door elkaar gehaald. Hier volgt de betekenis:
- *Integriteit* betreft het voldoen van een informatieverzameling aan de gestelde regels. Voorbeelden zijn hiervoor beschreven.
- *Accuratesse* betreft het juist weergeven van de werkelijkheid. Als iemand een werkelijke geboortedatum heeft van 15 september 1972, maar in de informatieverzameling staat 15 september 1973, dan is dat niet conform de werkelijkheid. Een integriteitsregel kan deze fout niet voorkomen, want beide geboortedata voldoen aan alle eisen die eraan gesteld kunnen worden.
- *Consistentie* komt voor bij meervoudige opslag van informatieverzamelingen. Het is dan mogelijk dat op de ene plaats een correct woonadres staat en op een andere plaats het woonadres waar hij voorheen woonde. Ook deze fout kan met een integriteitsregel niet worden voorkomen.

UML biedt OCL, Object Constraint Language, aan voor het beschrijven van business rules, in UML 'constraints' genoemd. OCL houdt het midden tussen predicatenlogica en gestructureerd Engels, maar doet erg formeel aan. Onze ervaring is dat business rules beter beschreven kunnen worden op de manier zoals in figuur 3.20 is gedaan, en waar nodig toegelicht met voorbeelden.

3.2.9 Vul verantwoordelijkheidsmatrix in (classes, huidige situatie)
In de RACI-matrix van figuur 3.11 is weergegeven hoe de activiteiten in een use case in de organisatie zijn belegd. Voor business classes stellen we een soortgelijke matrix op om aan te geven hoe de informatie in de organisatie belegd is. Ook deze verantwoordelijkheidsmatrix is een onderdeel van besturingsanalyse. In figuur 3.22 zien we de ingevulde RACI-matrix voor de supermarkt, waarbij de invulling van de organisatiedelen ontleend is aan het organogram van figuur 3.12.

Enkele opmerkingen over de RACI-matrix:
- Het beheer van het winkelassortiment berust bij de manager (RA).
- De verantwoordelijkheid voor het inkopen van dat assortiment bij leveranciers berust bij Inkoop, na raadpleging van de manager (CI).
- Crediteurenadministratie is verantwoordelijk voor betalingen aan leveranciers, maar gaat daartoe pas over als men kan nagaan of de gefactureerde goederen bij de betreffende leverancier besteld zijn en daadwerkelijk geleverd: vandaar de I's bij de gegevens daarover.

Organisatie / Gegevens	Crediteuren-administratie	Inkoop	Centrale ontvangst	Klanten-administratie	Manager
Klanten				RA	
Leveranciers	I	RA	I		CI
Leveringen (in verpak-kingseenheden)	I	I	RA		
Bestellingen	I	RA	I		
Artikelen	I	I	I		RA
Betalingen	RA				

Figuur 3.22   RACI-matrix voor informatie

3.2.10 Zorg voor afstemming tussen use cases en business classes

Modellen van business classes en use cases moeten onderling consistent zijn, hetgeen wil zeggen dat:
- het model van business classes alleen informatie mag bevatten waar bedrijfsprocessen iets mee doen;
- het business use case model geen informatie mag verwerken die in het model van business classes niet voorkomt.

Als we, zoals in het voorgaande, de business classes herleiden uit de use case beschrijvingen, voldoen we vrijwel zeker aan de eerste voorwaarde. Op de tweede voorwaarde moet apart worden toegezien.

3.2.11 Zorg voor verificatie van het geheel

Verificatie houdt in dat we een oordeel willen hebben over juistheid, volledigheid en onderlinge consistentie van modellen. De beste manier om dit te bereiken is het organiseren van een formele inspectie, waarbij deskundigen vanuit verscheidene disciplines alle stukken doornemen en proberen alle fouten op te sporen en verbeterpunten aan te geven. De analisten verwerken alle opmerkingen en geven daarover feedback.

3.2.12 Bepaal de gewenste verandering

Nadat we de requirements voor de huidige situatie in kaart gebracht hebben behandelen we de requirements voor de nieuwe, gewenste situatie. We herhalen dan de stappen b tot en met k van de werkwijze (figuur 3.2) voor de nieuwe business.
We behandelen hier alleen de uitwerking van maatregel 7 van tabel 2.1: 'in plaats van elk artikel bij een vaste leverancier in te kopen, kan elk artikel bij meerdere leveranciers worden ingekocht. De bestelling vindt plaats bij de leverancier, die op het moment van bestellen de laagste prijs aanbiedt.'

3.2.13 Herhaal de stappen b tot en met k voor de nieuwe business

Als de huidige situatie in een business goed gedocumenteerd is, is de stap naar de nieuwe situatie vaak niet groot. Het komt er eigenlijk op neer dat we, met de requirements bij de hand, zorgvuldig door alle ontwerpstappen heen lopen en kijken of er een verandering moet worden aangebracht in de event list, in het use case diagram, in de use case beschrijvingen, in de activity diagrams, in de use case realisaties, in het model van business classes en in de verantwoordelijkheidsmatrices van activiteiten en classes.

Ten gevolge van de aangegeven verandering komt er in de event list een vierde event bij: 'Leverancier geeft nieuwe prijs door', dit is een stroomevent. Dus komt er in het use case diagram een vierde use case bij: 'Inkoopprijs aanpassen', met Leverancier als primaire actor. Beide aanpassingen zien we in de figuren 3.23 en 3.24.

Nr	Naam	Soort	Acties
1	Leverancier levert artikelen	Stroomevent	artikelen controleren, registreren en opslaan
2	Het is tijd om de voorraden van consumptie artikelen te controleren	Tijdevent	Voorraden van consumptieartikelen op peil houden, en artikelen waarvan de uiterste verkoopdatum verstreken is, uit de schappen verwijderen
3	Klant koopt artikelen	Stroomevent	Inhoud winkelwagen bij kassa afrekenen
4	Leverancier geeft nieuwe prijs door	Stroomevent	Artikelprijs bij leverancier aanpassen

Figuur 3.23 Business event list na verandering

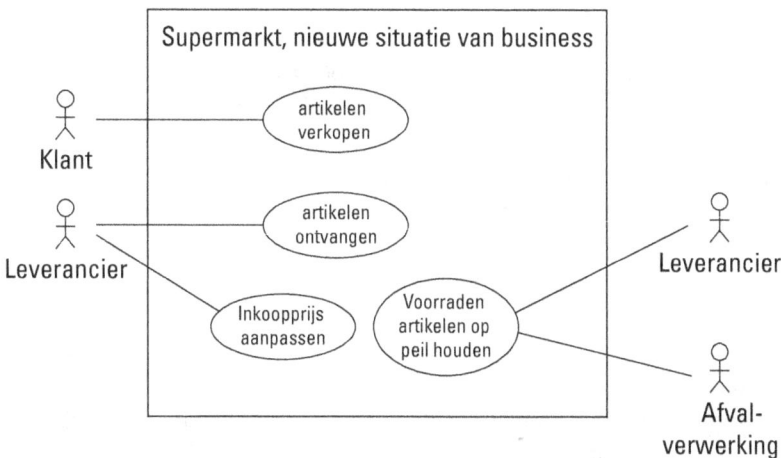

Figuur 3.24 Business use case diagram na verandering

De use case beschrijving van 'Voorraden artikelen op peil houden' verandert inhoudelijk. Er moet een regel bijkomen voor het selecteren van een leverancier. Daardoor moeten we ook het activity diagram en de use case realisatie aanpassen. De verandering in het model van business classes zien we in figuur 3.25.

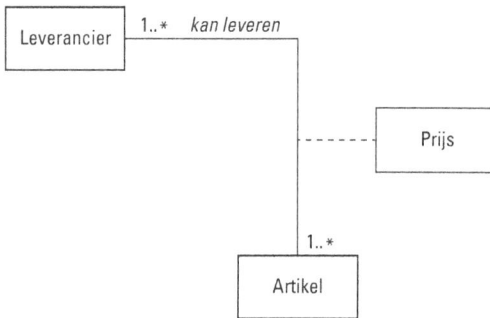

Figuur 3.25 Verandering in business classes voor de casus 'supermarkt'

De multipliciteit bij Leverancier is van 1 in * veranderd. Verder is een association class 'Prijs' toegevoegd die de informatie bevat over de prijs waarvoor een leverancier een artikel aanbiedt.

Natuurlijk passen we ook de repository weer aan.

3.3 Het vervolg van business modeling

Business modeling ondersteunt weliswaar de besluitvorming over mogelijke inzet van ICT voor procesverbetering maar hoeft niet altijd te resulteren in ICT-projecten. Het kan ook een uitgangspunt zijn voor het veranderen van procedures, of het toewijzen van bepaalde taken aan andere mensen. Als daarmee een probleem is opgelost, dan is dat prima. Maar als ICT wel wordt ingezet om bepaalde bedrijfsprocessen te ondersteunen, dan is een project nodig om die ondersteuning verder te analyseren totdat voor alle betrokkenen duidelijk is welke bedrijfsactiviteiten geheel of gedeeltelijk door systeemfuncties worden ondersteund of overgenomen. Op het grensvlak van business en systeem moet een overdracht van werk plaatsvinden. De Bia geeft aan waar ICT-invulling nodig is en neemt daarbij het voortouw. Wel doet hij dit in nauw overleg met de ontwerpers die het systeem moeten realiseren, en de Bia waar mogelijk adviseren.

Om dit proces te illustreren volgen we een klein project in de supermarkt.

Casus Supermarkt
Nieuw voorraadsysteem
Er moet een beter voorraadsysteem komen dat de voorraden van alle artikelen bijhoudt en aanpast, bij ontvangsten, verkopen en afschrijvingen. Het systeem controleert periodiek voorraden en maakt besteladviezen per leverancier. De afdeling Inkoop houdt in het systeem bij, tegen welke prijs leveranciers bepaalde artikelen aanbieden. Het betalen aan de kassa, en het betalen van leveringen aan leveranciers vallen buiten het systeem.

Om hoofdlijnen van een toekomstig systeem aan te geven gebruiken we dezelfde technieken als voor de business. Er zijn dus weer zes stappen:
a. Stel een system event list op.
b. Stel een system use case diagram op.

c. Beschrijf de use cases.
d. Voeg activity diagrams toe voor complexe use cases.
e. Stel een model op van use case realisaties.
f. Stel een initieel class diagram op voor het systeem.

Het traject dat daarna komt, het functioneel en technisch ontwerp van het systeem, kan objectgeoriënteerd of anders (bijvoorbeeld gestructureerd, volgens SA/SD) worden aangepakt. De Bia beslist niet over de keuze tussen een OO- of SA/SD-aanpak. Het betreft een ontwerp- en implementatievraagstuk dat projectoverstijgend is. De keuze is dus afhankelijk van de ontwerpfilosofie voor langere termijn van de betrokken ontwerpers en implementeurs.

We volgen nu de zes stappen van de automatisering in de supermarkt.

a. Stel een system event list op
De Bia begon met een event list van de business. Deze kan grotendeels worden overgenomen, met de aantekening dat de formulering hier en daar moet worden aangepast. Zo zal de centrale ontvangst de leverancier vervangen als actor bij event 1, en zullen beide actoren bij event 2, leverancier en afvalverwerking, vervangen worden door de actor voorraadbeheer. Bij event 3 komt de caissière als actor in de plaats van klant, bij event 4 komt de crediteurenadministratie in plaats van de leverancier. Het resultaat zien we in figuur 3.26.

Nr	Naam	Soort	Acties
1	Centrale ontvangst meldt levering artikelen	Stroomevent	Voorraden bijwerken met ontvangstaantallen
2	Het is tijd om de voorraden van consumptieartikelen te controleren	Tijdevent	Afgevoerde aantallen bijwerken in de voorraad, en bestellijsten maken per leverancier
3	Caissière handelt winkelwagen af	Stroomevent	Bijwerken verkopen in voorraad, en klantenbon maken
4	Crediteurenadmie past prijs aan	Stroomevent	Artikelprijs bij leverancier aanpassen

Figuur 3.26   System event list

b. Stel een system use case diagram op
Gegeven de vier events zal het system use case diagram vier use cases bevatten. Het diagram zien we in figuur 3.27.

c. Beschrijf de use cases
We leiden nu de system use case beschrijvingen af uit de eerder gegeven business use case beschrijvingen. Eerst geven we in de business use case beschrijvingen aan, wat wel en niet voor ICT is (figuren 3.28 en 3.29). De gekleurde cellen zijn beschrijvingen met ICT, de andere zonder ICT. Daarna volgen de system use case beschrijvingen in templatenotatie.

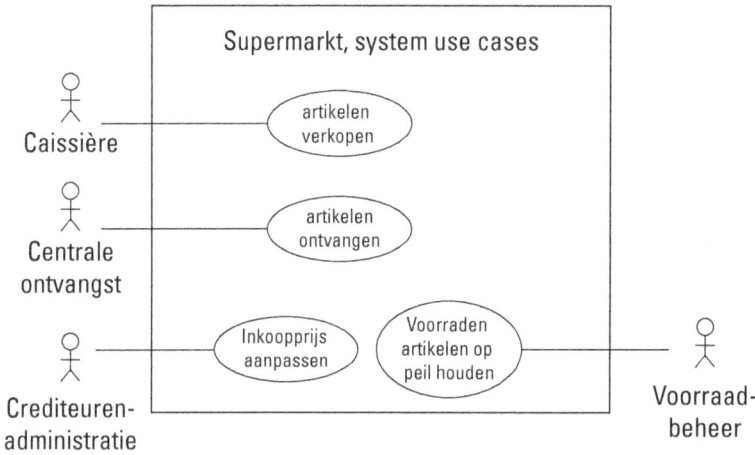

Figuur 3.27   System use case diagram

Use case naam	Artikelen verkopen
Korte omschrijving	Verkopen van artikelen aan klanten, die daarvoor contant betalen
Proceseigenaar	Afdeling Verkoop
Doelen	Foutloze kassaverkoop, duidelijke verkoopbon (het verstrekken daarvan is optioneel)
Geassocieerde actoren	Klant (primair)

Werkstromen	
Basiswerkstroom **[klant zonder klantkaart]**	**Alternatieve werkstroom** **[klant met klantkaart]**
1. Organisatie verrekent verkoop artikel	1. idem
[Zolang er nog artikelen zijn] terug naar 1	idem
2. Organisatie rekent af *Incasseer betaling en maak verkoopbon*	2. Organisatie registreert kaartbezit
	3. Organisatie vermindert totaal verkopen met klantkorting
	4. Organisatie rekent af *Incasseer betaling en maak verkoopbon*

Additioneel
Betaalmogelijkheid moet zowel contant als elektronisch zijn.

Figuur 3.28   Business use case beschrijving met ICT

We zien dat het systeem bij ontvangst van artikelen maar beperkt ondersteuning biedt. Het controleert of artikelen besteld zijn. Met andere woorden, of er een bestelitem gevonden kan worden waarin de ontvangen artikelen zijn besteld, en werkt vervolgens de bestellijst bij als de artikelen daadwerkelijk besteld zijn.

Use case naam	Artikelen verkopen
Werkstromen	
1. Organisatie registreert ontvangst verpakkingseenheid	
2. Organisatie controleert verpakkingseenheid visueel	
[OK]	[verpakkingsschade]
-	3. Organisatie retourneert verpakkingseenheid
	[Zolang er nog verpakkingseenheden zijn] terug naar 1
4. Organisatie controleert bestellijst	
[besteld]	[niet besteld]
5. Organisatie noteert levering op bestellijst	6. Organisatie retourneert verpakkingseenheid
[Zolang er nog verpakkingseenheden zijn] terug naar 1	
7. Organisatie slaat artikelen op in magazijn	
8. Organisatie vult rekken vanuit opslag	
9. Organisatie betaalt het door leverancier gefactureerde bedrag voor de levering	

Figuur 3.29   Business use case beschrijving met ICT

Dan volgen nu de system use case beschrijvingen, figuren 3.30 en 3.31.

Use case naam	Artikelen verkopen	
Korte omschrijving	Aankopen bijwerken in voorraad en verkoopbon maken	
Geassocieerde actoren	Caissière (primair)	
Werkstromen		
Basiswerkstroom **[klant zonder klantkaart]**	**Alternatieve werkstroom** **[klant met klantkaart]**	
1. Systeem verrekent verkoop artikel in voorraad en totaalbedrag van klant	1. idem	
[Zolang er nog artikelen zijn] terug naar 1	idem	
2. Systeem maakt verkoopbon	2. Systeem leest kaart	
	3. Systeem vermindert totaal verkopen met klantkorting	
	4. Systeem maakt verkoopbon	

Figuur 3.30   System use case beschrijving 'Artikelen verkopen'

Net als voor de business geven we in figuur 3.31 alleen de basiswerkstroom.

De stappen d en e
'Voeg activity diagrams toe voor complexe use cases' en 'Stel een model op van use case realisaties', leveren in dit voorbeeld weinig nieuws op, en slaan we dan ook over. We gaan verder met stap f.

Use case naam	Artikelen ontvangen
Werkstromen	
4. Systeem controleert bestellijst met gegevens verpakking	
[besteld]	[niet besteld]
5. Systeem werkt voorraad en bestellijst bij	--
[Zolang er nog verpakkingseenheden zijn] terug naar 4	

Figuur 3.31 System use case beschrijving 'Artikelen ontvangen'

f. Stel een initieel class diagram op

De Bia kan ook het initieel class diagram herleiden uit zijn eerder opgestelde model van business classes. De werkwijze om tot het diagram te komen is dezelfde als in de business: per system use case een submodel maken en de submodellen vervolgens samenvoegen.

In plaats van deze weg te volgen, geven we in de figuren 3.32 en 3.33 het initieel class diagram weer, met daarin aangegeven de submodellen voor de events uit de event list.

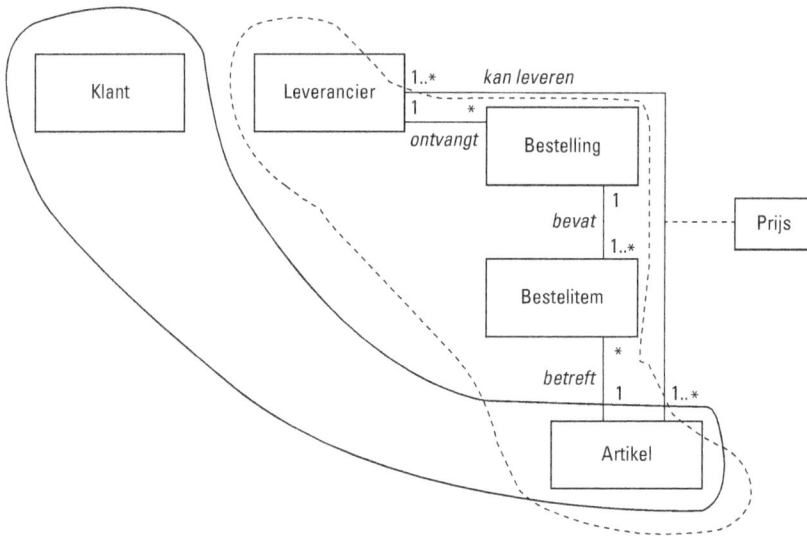

Getrokken lijn: submodel voor event 3: 'Caissière handelt winkelwagen af'

Stippellijn: submodel voor de events 1, 'Centrale ontvangst meldt levering artikelen', en 2, 'Het is tijd om de voorraden van consumptieartikelen te controleren'

Figuur 3.32 Initieel class diagram

3.4 SA/SD of UML voor Analysis & Design

Het afbakenen van de functionaliteit van een systeem is een gezamenlijke verantwoordelijkheid van de Bia en de ontwerpers, waarin de Bia het voortouw neemt en door de ontwerpers geadviseerd kan worden. Een overgang als deze is een projectactiviteit die te vergelijken is met een estafetteloop, waarin twee lopers even naast elkaar lopen om het stokje probleemloos te kunnen overdragen.

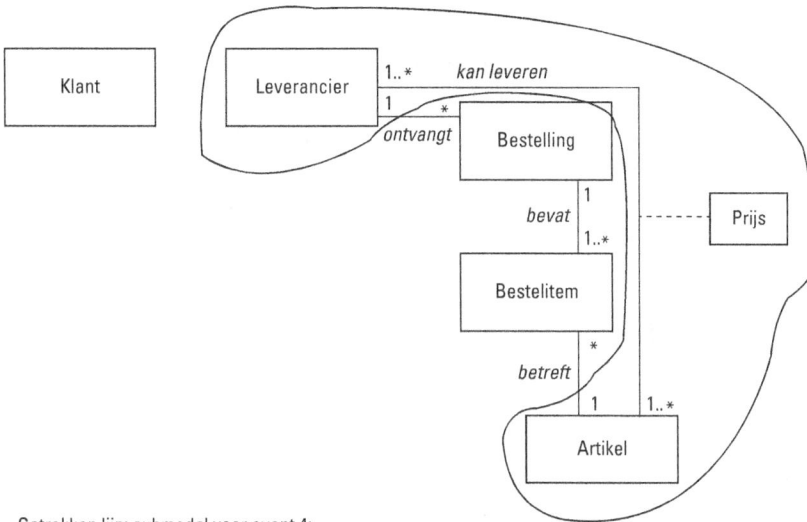

Getrokken lijn: submodel voor event 4:
'Crediteurenadmie past prijs aan'

Figuur 3.33   Initieel class diagram (vervolg)

Inmiddels beschikken we over een aantal modellen van het systeem:
- een system event list;
- een system use case diagram;
- beschrijvingen van de use cases;
- activity diagrams van complexe use cases;
- een model op van use case realisaties;
- een initieel class diagram voor het systeem.

Deze modellen maken het mogelijk om het vervolgtraject op twee manieren in te gaan. De Bia kan de event response processen van het use case diagram samen bundelen tot een contextdiagram, ook wel het top-DFD (Data Flow Diagram) genoemd in de SA/SD-aanpak van Yourdon (figuur 3.34).

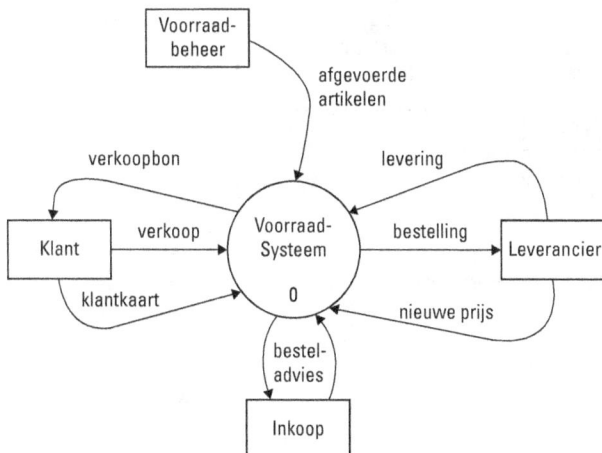

Figuur 3.34   Contextdiagram voor de casus 'supermarkt'

Alle functionaliteit van het systeem is samengevat in één proces, 'Voorraadsysteem' met nummer 0. De informatie die het systeem uitwisselt met zijn omgeving is weergegeven met ingaande en uitgaande stromen, data flows, die van namen zijn voorzien. De bronnen en bestemmingen van de data flows zijn weergegeven in benoemde rechthoeken, die 'terminators' worden genoemd.

Bij het contextdiagram hoort ook nog een informatiemodel. Daarvoor gebruiken we het initieel class diagram van de figuren 3.32 en 3.33.

Het contextdiagram en informatiemodel vormen, samen met de van toepassing zijnde niet-functionele requirements, de grens tussen business informatieanalyse en functioneel ontwerp (als onderdeel van Analysis & Design) als de SA/SD aanpak van Yourdon wordt gevolgd.

UML kent geen afzonderlijk procesmodel. UML volgt het objectgeoriënteerde ontwerpparadigma. Daarin zijn objecten niet alleen dragers van informatie in termen van attributen, maar ook van functionaliteit in termen van operations. Operations die verspreid zijn over objecten kunnen elkaar aanroepen door 'messages' te sturen. Een message is een aanroep, gericht aan een specifieke operation, die voorzien is van parameters. De operations worden afgeleid uit de system use cases en verdeeld over classes. In figuur 3.35 zijn al enkele voor de hand liggende attributen en operations in het class diagram vermeld.

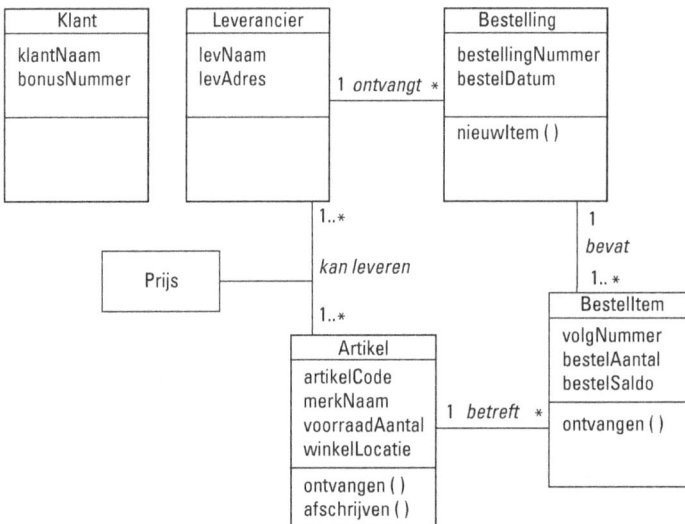

Figuur 3.35   Class diagram met attributen en operations voor de casus 'supermarkt'

Dit class diagram vormt de grens tussen businessinformatieanalyse en functioneel ontwerp (als onderdeel van Analysis & Design) als de objectgeoriënteerde aanpak met UML wordt gevolgd.

Of SA/SD dan wel UML voor het vervolgtraject wordt toegepast is ter beoordeling aan de ontwerpprofessionals. Ook de verdere detaillering nemen zij voor hun rekening.

Voor SA/SD zijn dat lager-niveau-DFD's, processpecificaties, voltooid informatiemodel, data dictionary en constraints. Voor UML zijn dat het voltooide class diagram, sequence diagrams, state machine diagrams, operations beschrijvingen, data dictionary en constraints.

Hoewel het niet tot het werkterrein van de Bia behoort, laten we toch nog een deel van het vervolgtraject zien. Dat zijn het DFD0 en een gedeeltelijk ingevulde structure chart van het Voorraadsysteem, een sequence diagram van 'Artikelen ontvangen', een Bachman-diagram voor het informatiedeel van het class diagram gevolgd door een relationeel schema.

In figuur 3.36 zien we het DFD0, een decompositie van het contextdiagram van figuur 3.34.

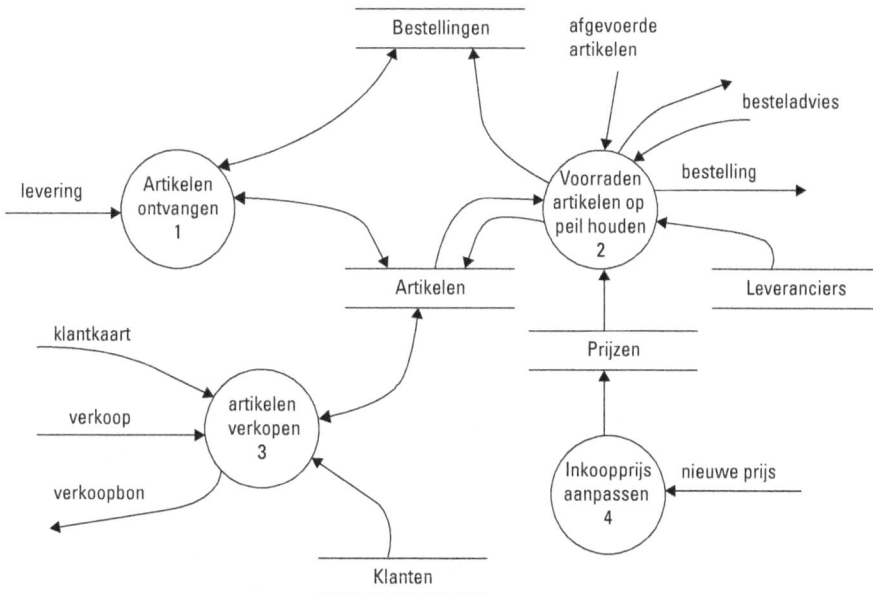

Figuur 3.36   DFD0 voor de casus 'supermarkt'

De cirkels bevatten de namen van de processen, de pijlen representeren data flows en de namen tussen twee horizontale strepen zijn die van buffers (of data stores). Data flows transporteren gegevens, processen transformeren ze en buffers bewaren gegevensverzamelingen. De data flows die van en naar de omgeving lopen, zoals 'levering' en 'verkoopbon' moeten overeenkomen met de data flows in het contextdiagram van figuur 3.34. De processen dragen nummers. Deze hebben niets met volgorde van uitvoering te maken, maar met de hiërarchie, met de plaats in de decompositie. Proces 2, 'Voorraden artikelen op peil houden', heeft veel in- en uitgaande data flows. Dat betekent dat dit proces nog verder gedecomponeerd zou moeten worden. Het diagram met de decompositie zou dan DFD2 gaan heten, en de processen daarop zouden de nummers 2.1, 2.2, 2.3 enzovoort gaan dragen.

Als de decompositie van het systeem voldoende gedetailleerd is weergegeven in DFD's, gaan we over tot het beschrijven van processpecificaties. Die specificaties bestaan dan nog uit slechts enkele regels tekst.

In het technisch ontwerp worden DFD's omgezet naar structuren voor programma's. We gebruiken daarvoor structure charts die een hiërarchisch verband leggen tussen software-modules. De gedeeltelijk ingevulde structure chart van het Voorraadsysteem zien we in figuur 3.37.

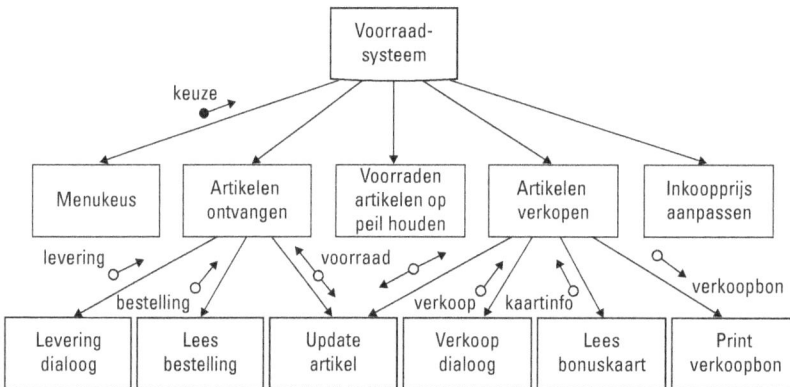

Figuur 3.37   Structure chart voor de casus 'supermarkt'

De namen in de rechthoeken van de structure chart zijn die van de softwaremodules. Het is een aanroepstructuur. De module die aanroept staat aan de basis van een pijl en de aangeroepen module aan de pijlpunt. Bij een aanroep kan informatie (in de vorm van parameters) worden uitgewisseld. De parameters zijn aangegeven met bolletjes voorzien van pijlpunten die de richting aangeven van de informatie-uitwisseling. Discrete informatie wordt weergegeven met een zwart bolletje en de overige informatie met een open bolletje. De module 'Voorraadsysteem' zal beginnen met het aanroepen van 'Menukeus'. Dat is een dialoogmodule waarin de gebruiker aangeeft wat hij wil. Als de keuze valt op 'Artikelen ontvangen', zal die module vervolgens worden aangeroepen nadat 'Menukeus' de besturing heeft teruggegeven aan 'Voorraadsysteem'. 'Artikelen ontvangen' start op zijn beurt met een dialoogprogramma om de levering op te halen, leest de bestelling (voor controle) en roept 'Update artikel' aan voor het muteren van de voorraad. Daarna geeft 'Artikelen ontvangen' de besturing weer over aan 'Voorraadsysteem' die opnieuw 'Menukeus' aanroept enzovoort. Een structure chart maakt deel uit van de SA/SD aanpak.
Het sequence diagram voor 'Artikelen ontvangen' zien we in figuur 3.38.

In de rechthoeken staan de namen van de classes waarvan objecten betrokken zijn bij het uitwisselen van berichten (messages). De gestreepte lijnen daaronder zijn levenslijnen voor objecten van de classes. De messages die worden uitgewisseld bestaan uit benoemde pijlen, die in volgorde van tijd van boven naar beneden worden geplaatst. De naam die bij de message staat is de naam van de operation in het object van de class boven de levenslijn, tussen haakjes staan parameters. De eerste message komt van de actor 'Centrale ontvangst' en passeert

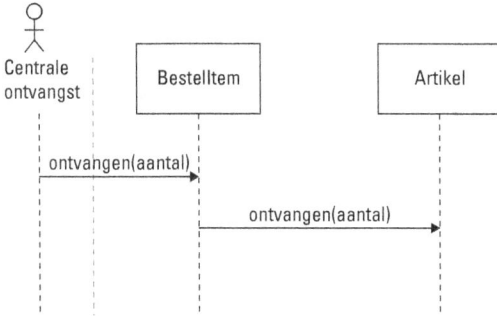

Figuur 3.38 Sequence diagram voor de casus 'supermarkt'

de systeemgrens (de gestippelde lijn tussen de levenslijnen van de actor en BestelItem). Zowel in 'BestelItem' als in 'Artikel' komt een operation 'ontvangen' voor. In 'BestelItem' heeft die tot taak 'bestelSaldo' aan te passen, in 'Artikel' om 'voorraadAantal' aan te passen.
Een sequence diagram maakt deel uit van de UML-aanpak.

Het nu volgende diagram, het Bachman-diagram, gebruiken we als tussenproduct om te komen tot een relationeel schema, op basis waarvan een databaseschema kan worden opgesteld voor bijvoorbeeld Oracle of DB2.
De implementatie van een relationele database is van toepassing op beide aanpakken: SA/SD en UML.
Het Bachman-diagram voor het informatiedeel van het class diagram in figuur 3.35 zien we in figuur 3.39.
De rechthoeken bevatten de namen van recordtypen, die overeenkomen met de namen van classes. Met de pijlen worden de zogeheten owner-member-relaties vastgelegd. De pijl wijst van owner naar member, symboliseert een 1:N (of 1.. *) relatie met de 1 bij de basis van de pijl en de N (of *) bij de pijlpunt. Het Bachman-diagram komt wat structuur betreft grotendeels overeen met het class diagram. Alleen de *..* relatie tussen 'Leverancier' en 'Artikel' is omgezet naar twee 1:N relaties met recordtype Prijs.

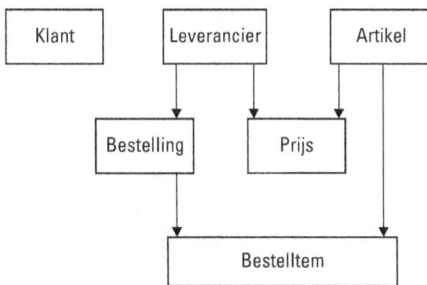

Figuur 3.39 Bachman-diagram voor de casus 'supermarkt'

Met behulp van dit Bachman-diagram en de attributen van figuur 3.35, kunnen we het relationele schema opstellen, zie figuur 3.40.

Klant (klantNaam, bonusNummer)

Leverancier (levNaam, levAdres)

Artikel (artikelCode, merkNaam, voorraadAantal, winkelLocatie)

Prijs (levNaam, artikelCode, prijs)

Bestelling (bestellingNummer, bestelDatum, levNaam)

BestelItem (bestellingNummer, volgNummer, bestelAantal, bestelSaldo, artikelCode)

Figuur 3.40   Relationeel schema van de casus 'supermarkt'

Elke regel begint met de naam van een gegevensgroeptype, gevolgd door de namen van de gegevenselementtypen. Onderstreepte gegevensgroeptypen zijn primaire sleutels. De gegevensgroeptypen onderstreept met een stippellijn zijn 'vreemde sleutels' (foreign keys) en die verwijzen naar de primaire sleutels van andere gegevensgroeptypen.

Dit relationele schema kan eenvoudig worden omgezet naar een databaseschema met behulp van de DDL (Data Description Language) van de betreffende database, bijvoorbeeld Oracle of DB2.

3.5   Uit de praktijk

In dit hoofdstuk hebben we een aantal 'best practices' voor business modeling behandeld, zoals het gebruik van activity diagrams naast use cases, het opstellen van een model van business classes en het herleiden van een model van system use cases uit modellen voor de business.

Tot de 'best practices' rekenen we ook het pragmatisch omgaan met modelleren. Niet alles wat gemodelleerd kán worden, moet ook gemodelleerd worden. Als een activity diagram in een bepaald geval niets toevoegt, laat de Bia dat weg.

In de praktijk zien we vaak, dat use case diagrammen worden voorzien van <<include>> en <<extend>> dependencies (figuur 3.41).

De notatie bestaande uit de dubbele 'kleiner en groter'-tekens is een UML-taalelement, bekend onder de naam 'stereotyping'. UML kent meerdere soorten gebruik toe aan bepaalde modelelementen, zoals een gestreepte pijl. Gebruikers van UML mogen ook zelf bestaande modelelementen gebruiken voor zelf bepaalde functies. In dergelijke gevallen noteert men altijd de functie bij het modelelement.

De <<include>> is soms te verdedigen. Deze duidt immers op gelijke stukken functionaliteit in verscheidene use cases. Maar de <<extend>> is een optionele uitbreiding van een use case: een alternatieve werkstroom dus, en kan dan ook beter als zodanig door de Bia worden weergegeven. Wij adviseren om <<extend>> en <<include>> dependencies niet in business-modellen te gebruiken.

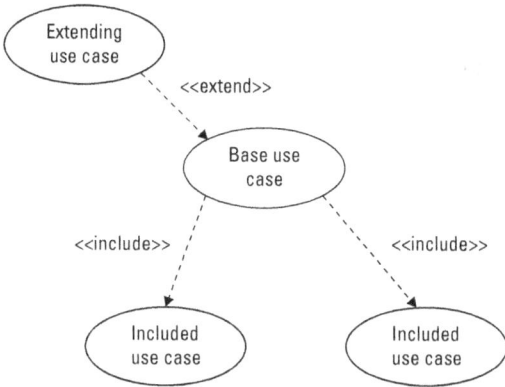

Figuur 3.41 Extend en include

Ook moet de Bia zich realiseren dat gebruikers, functioneel beheerders en anderen waarmee hij communiceert, moeite kunnen hebben met het interpreteren van sommige modellen. Event lists, use case diagrammen, use case beschrijvingen en activity diagrams worden in het algemeen goed begrepen. Dat geldt in mindere mate voor class diagrams en business rules waarin verbanden tussen relatietypen worden gelegd. De Bia doet er dan goed aan om concrete situaties met voorbeelden toe te lichten, zoals in dit hoofdstuk gedaan is met een objectendiagram (figuur 3.20) voor het toelichten van een class diagram (figuur 3.19).

Het afleiden van submodellen uit use case beschrijvingen kan vereenvoudigd worden als de Bia duidelijk aangeeft welke objecten betrokken zijn. '*Organisatie registreert ontvangst verpakkingseenheid*' is beter dan '*Organisatie registreert ontvangst*'.

In enkele voorbeelden zijn activity diagrams toegepast. We kozen voor deze techniek omdat activity diagrams deel uitmaken van de modelleertaal UML. Tegenwoordig zien we ook de toepassing van BPMN voor het modelleren van bedrijfsprocessen. BPMN staat voor Business Process Modeling Notation, een product dat door de OMG, de Object Management Group die ook UML uitbrengt, wordt onderhouden. BPMN gebruikt, in tegenstelling tot activity diagrams, een uitgebreide set van modelelementen. BPMN is één van de 'andere modelleertechnieken voor requirements' die we in hoofdstuk 4 behandelen, naast IDEF0 voor bedrijfsprocessen, en ER-modellen volgens Martin, Chen en ISO voor business classes.

De technieken die we in dit hoofdstuk behandeld hebben bewijzen ook hun waarde als de Bia pakketaanschaf adviseert boven zelf bouwen. De Bia brengt met deze technieken in kaart welke processen het pakket moet ondersteunen en welke informatiestructuren daarbij nodig zijn. Erg nuttig voor de organisatie zelf, maar ook voor de leveranciers van de pakketten. De modellen faciliteren de processen van pakketselectie en –evaluatie. Organisaties slaan deze stap van modelleren helaas vaak over en vertrouwen op de resultaten van een leveranciersdemonstratie. Na enige tijd blijkt dan, dat men bepaalde details toch over het hoofd heeft gezien tijdens de demo.

In hoofdstuk 1, 'Verkenning", hebben we gesproken over het gebruik van tools bij het modelleren. Die tools zijn er. Rational biedt uitgebreide ondersteuning voor softwareontwikkeling (www.ibm.com/software/nl/rational). Daarnaast zijn er tools zoals Creately (www.creately.com) en Viflow (www.vicon.biz). Viflow heeft Visio van Microsoft als basis, maar voegt belangrijke uitbreidingen toe. Het is mogelijk om functiebeschrijvingen uit de repository te halen. Die worden herleid uit de procesmodellen die swimlanes bevatten. Visio wordt in de praktijk vaak gebruikt als tekenpakket. Het bevat geen functies om consistentie te controleren tussen bijvoorbeeld een procesmodel en een informatiemodel.

4 Andere modelleertechnieken voor requirements

4.1 Inleiding

In hoofdstuk 3 hebben we gezien dat de Bia een aantal technieken in samenhang toepast, zoals use cases, activity diagrams en class diagrams. Deze technieken vinden hun oorsprong in UML (Unified Modeling Language) en RUP (Rational Unified Process). De twee hoofdlijnen in het ontwikkelproces werden gevormd door processen en objecten (informatie, classes, data) die in samenhang in kaart zijn gebracht.

In hoofdstuk 1 hebben we ook al belicht dat door het hele modelleerproces heen processen en objecten (informatie, classes, data) in samenhang in kaart worden gebracht, zie figuur 1.15. We gebruiken deze figuur nogmaals (figuur 4.1), nu aangevuld met de technieken die we tot dusver hebben besproken, hun plaats in het ontwikkelproces als mede andere technieken waar een Bia gebruik van kan maken in hetzelfde ontwikkeldomein. Een Bia die in dienst is van de organisatie waarbinnen hij zijn functie uitvoert, blijft doorgaans bij één verzameling technieken, maar een Bia die als consultant in steeds andere organisaties werkt moet zich kunnen aanpassen, en werken met de technieken die daar standaard zijn.

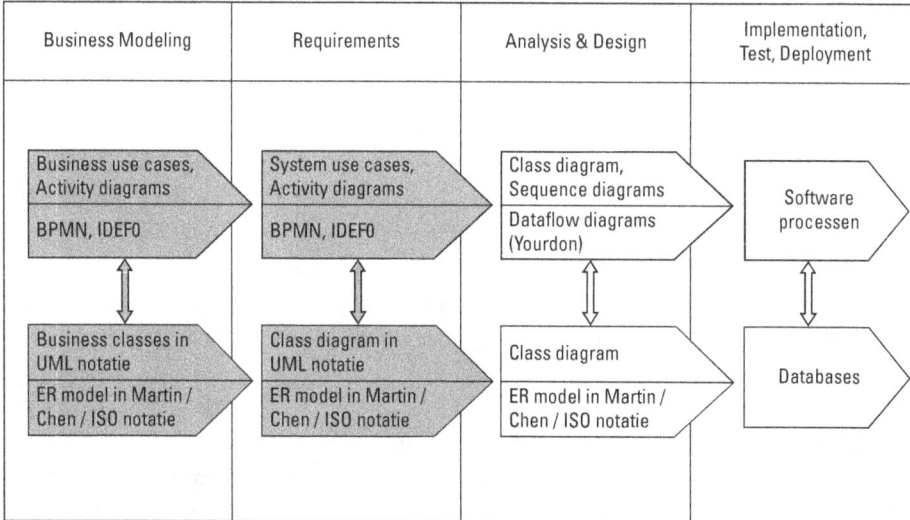

Business Modeling	Requirements	Analysis & Design	Implementation, Test, Deployment
Business use cases, Activity diagrams BPMN, IDEF0	System use cases, Activity diagrams BPMN, IDEF0	Class diagram, Sequence diagrams Dataflow diagrams (Yourdon)	Software processen
Business classes in UML notatie ER model in Martin / Chen / ISO notatie	Class diagram in UML notatie ER model in Martin / Chen / ISO notatie	Class diagram ER model in Martin / Chen / ISO notatie	Databases

Figuur 4.1   Modelleertechnieken

We beperken ons tot de modelleertechnieken in de disciplines Business Modeling en Requirements. In figuur 4.1 staan de tot dusver besproken technieken boven de lijnen in de pijlen, de alternatieven eronder.

We behandelen in dit hoofdstuk achtereenvolgens:
- BPMN;
- IDEF0;
- ER-modellen.

Voor het modelleren van bedrijfsprocessen wordt veelal gebruikgemaakt van IDEF0. Verder is het goed te weten dat het class diagram dat tot UML behoort, gebaseerd is op ER, het 'Entity Relationship' model. In veel organisaties zien we varianten ven het ER-model: modellen volgens de Martin-notatie, de Chen-notatie of de ISO-notatie. Het belangrijkste verschil tussen een class diagram en een ER-diagram is, dat een class diagram data en operations bevat, en een ER-diagram alleen data. Voor de rest zijn de verschillen niet groot, ze zitten vooral in de notatiewijzen. Uitgaande van het uiteindelijke class diagram van hoofdstuk 3, zullen we deze verschillen in de volgende paragrafen toelichten.

Voor een organisatie staat voorop dat ze kiest voor technieken die in onderlinge samenhang goed bruikbaar zijn. Welke technieken dat zijn is minder belangrijk dan het effect dat ervan uitgaat: het spreken van een gemeenschappelijke taal die ontwikkelaars en gebruikers beter met elkaar laat communiceren in elk project en over lange tijd.

4.2   BPMN

Steeds meer organisaties zien in dat het in kaart brengen van bedrijfsprocessen belangrijk is, bijvoorbeeld om bepaalde industriële certificaten te behalen. In de lucht- en ruimtevaartindustrie is AS9100 zo'n certificaat.
Een organisatie die daarvoor gecertificeerd wil worden, moet al haar processen op orde hebben. Dat begint met het vastleggen van procesmodellen. Deze moeten inhoudelijk vrij zijn van problemen, bijvoorbeeld op het terrein van functiescheiding. Daarnaast moet de organisatie kunnen aantonen, dat ze consequent werkt zoals dat in de procesmodellen vermeld staat. Er is geen bedrijfsproces dat buiten de certificering valt, ook HRM-processen niet. Denk bijvoorbeeld aan het ontslag van een medewerker. Dit proces zal alle nodige stappen moeten bevatten die garanderen dat er geen gevoelige informatie het bedrijf verlaat met de ontslagen medewerker.

In situaties als deze bestaat niet de intentie om ICT-toepassingen te onderzoeken. Het enige wat we willen is de processen duidelijk in kaart brengen zodat een auditor die kan controleren. Vaak bestaat wel al enige vorm van vastlegging van processen en procedures, maar niet in toegankelijke vorm en niet up-to-date. Een use case model kan het begin zijn, maar bij voorkeur willen we direct aan de slag met een model per bedrijfsproces, waarin alle mogelijke situaties die zich kunnen voordoen te beschrijven zijn, ook in termen van communicatie tussen bedrijfsprocessen onderling. BPMN is daarvoor een geschikte aanpak.

BPMN staat voor Business Process Modeling Notation. BPMN bestaat sinds 2006, toen de Object Management Group (het consortium dat UML ontwikkelde) BPMN aanvaardde als standaard grafische notatie voor het beschrijven van bedrijfsprocessen.

4.2.1 De symbolenset van BPMN

Bij het opstellen van een Business Process Diagram (BPD) kunnen we kiezen uit een groot aantal elementen. Slechts enkele daarvan kennen we van de flowcharts en activity diagrams. De grafische symbolen worden ingedeeld in vier categorieën:
1. Flow objects.
2. Connecting objects.
3. Swimlanes.
4. Artifacts.

Van elke categorie laten we de voornaamste symbolen zien.

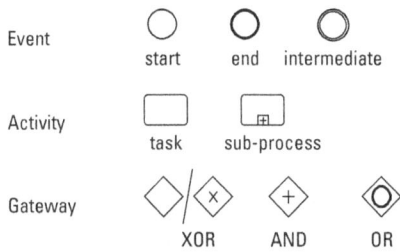

Figuur 4.2   Flow objects

Flow objects zijn nodig om de stromen van activiteiten via alle mogelijke paden weer te geven (figuur 4.2).

Events zijn gebeurtenissen die aan het begin of het einde staan van activiteiten in een proces. Activities worden onderverdeeld in elementaire, niet-opdeelbare taken (tasks) en subprocessen. Het gebruik van subprocessen is een vorm van nesting, waarbij de taken van het subproces in een apart submodel omkaderd worden weergegeven, en waarbij start en end events het begin en einde van het subproces markeren.

Gateways worden gebruikt om paden in een proces te openen en ook weer af te sluiten. Ze staan op het beslispunt (de fork) en bij de samenvoeging van paden (merge).

De XOR is een exclusive gateway. Bij de splitsing wordt slechts één van de mogelijke paden gevolgd.

De AND is een parallel gateway. Bij de splitsing worden meerdere paden tegelijkertijd en onafhankelijk van elkaar (concurrent) gevolgd. De eerstvolgende activiteit na de samenvoeging kan pas doorgaan als alle paden na de splitsing zijn doorlopen, een kwestie van synchronisatie dus.

De OR is een inclusive gateway. Bij de splitsing kunnen, afhankelijk van de condities, meerdere paden worden gevolgd. Bij de samenvoeging worden alleen de paden gesynchroniseerd die daarvoor zijn geïnitieerd.

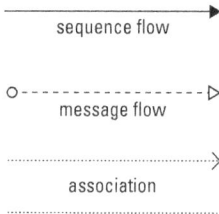

Figuur 4.3   Connecting objects

Connecting objects zijn nodig om de stromen in het proces te verduidelijken (figuur 4.3). De sequence flow is voor de volgorde in het proces, de message flow voor de berichtenstromen en de association voor bepaalde verbanden, bijvoorbeeld tekstuele uitleg bij een task.

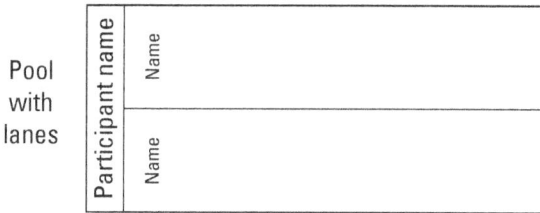

Figuur 4.4   Swimlanes

BPMN maakt onderscheid tussen pool en lane. Een pool representeert een bedrijfsproces. Een pool kan onderverdeeld zijn in lanes, waarbij aan het hoofd van elke lane de naam staat van de instantie (persoon of afdeling) die verantwoordelijk is voor de activiteiten in de betreffende lane (figuur 4.4).

Een sequence flow mag de grenzen van een pool niet overschrijden, maar wel de grenzen van lanes binnen de pool. Message flows mogen alleen worden gebruikt om activiteiten in verschillende pools met elkaar te verbinden.

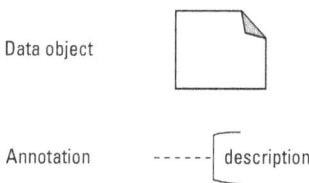

Figuur 4.5   Artifacts

Artifacts geven de mogelijkheid om extra informatie toe te voegen aan een BPD, zoals een toelichting (annotation) of gegevens die een activiteit nodig heeft of produceert (figuur 4.5).

Voorbeeld van een BPD

In figuur 4.6 zien we een voorbeeld van een BPD betreffende een detailhandel in apparaten, vastgelegd in een pool met drie lanes.

De start event is 'goederen te verzenden'. Het optreden van dit start event initieert het proces.

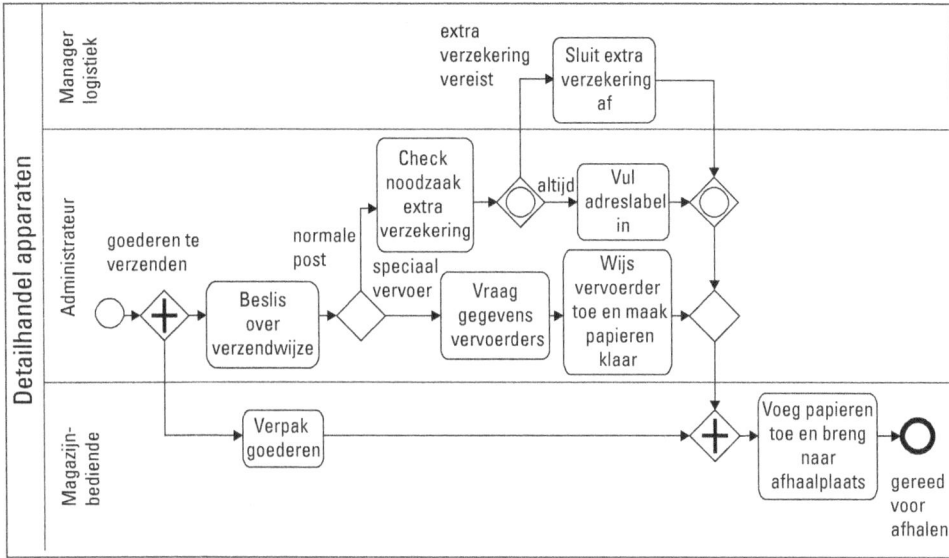

Figuur 4.6   Een voorbeeld van een BPD

Direct na de start event volgt een parallel gateway. Terwijl de administrateur moet beslissen over de verzendwijze kan de magazijnbediende vast beginnen met verpakken van de goederen, tegelijkertijd dus (concurrent).

Het werk van de administrateur gaat verder met de exclusive gateway betreffende de verzendwijze. De gateway zelf is niet verantwoordelijk voor de beslissing betreffende 'normale post' of 'speciaal vervoer'. Die beslissing is genomen in de task ervoor, 'Beslis over verzendwijze'. Een gateway is dus niets anders dan een router die werkt op basis van resultaten van de voorafgaande task. Soms wordt een X-symbool (van XOR) geplaatst binnen het ruitsymbool van de exclusive gateway, maar dat is optioneel.

Een task representeert een eenheid van werk die gedaan moet worden, een gateway stuurt de stroom. De gateway betreffende de verzendwijze is exclusive omdat slechts één van de uitgaande takken gevolgd kan worden.

In de verwerking van normale post zien we een inclusive gateway. Deze laat zien, dat er altijd een adreslabel gemaakt moet worden, terwijl de logistiek manager alleen dán een extra verzekering afsluit als dat in de voorafgaande task, 'Check noodzaak extra verzekering', zo is beslist. Het maken van een adreslabel en het afsluiten van een extra verzekering kunnen parallel gebeuren. Er wordt pas verder gegaan met processing na de samenvoeging van beide takken. Ook de parallel gateway aan het begin wordt afgesloten met een merge (gateway-symbool). Pas als beide takken van deze gateway zijn voltooid, kan met de laatste task, 'Voeg papieren toe en breng naar afhaalplaats', het proces worden afgerond, bij de end event.

BPMN versus Activity diagrams
In hoofdstuk 3 hebben we activity diagrams gebruikt voor het in kaart brengen van acties en stromen in use cases. Kijken we daarop terug, dan zien we dat er slechts minimale aanpassingen nodig zijn om de activity diagrams om te zetten naar BPD's. We hoeven alleen de symbolen voor start en end event aan te passen.

In complexere situaties zijn de verschillen tussen een activity diagram en een BPD groter. In figuur 4.7 zien we alleen al de verschillen in gateways in beide technieken, waarbij het voorbeeld van de inclusive gateway de situatie weergeeft die in figuur 4.6 voorkomt.

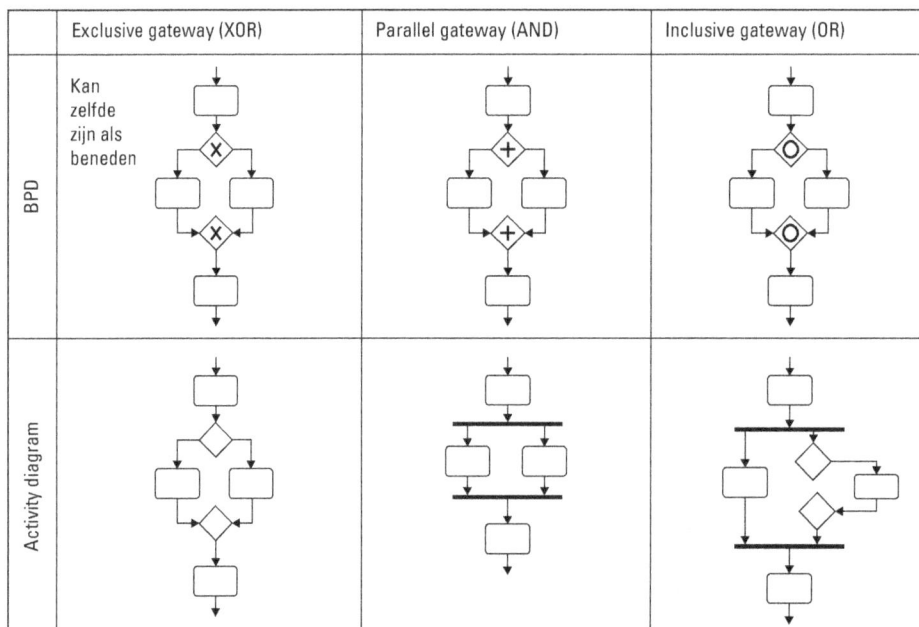

Figuur 4.7   Gateways in activity diagram en BPD

Maar hierbij blijft het niet. Voor activity diagrams zijn nauwelijks meer symbolen beschikbaar dan de hier gebruikte, terwijl voor BPD's een uitgebreide verzameling symbolen beschikbaar is, waarvan we in het voorgaande alleen de basisset hebben laten zien.

4.3   IDEF0/Actimod

IDEF staat voor Integration Definition for Function Modeling. Het is in 1993 ontwikkeld uit voorgangers als SADT (Structured Analysis and Design Technique). Het cijfer '0' is een suffix die aangeeft dat het onderwerp 'modelleren van bedrijfsprocessen' is.
Nadat IDEF0 verschenen was, zijn varianten ontwikkeld onder de naam 'Actimod'. Actimod maakt onderscheid tussen materiestromen (dubbele lijn) en informatiestromen (enkele lijn). IDEF0 doet dat niet, maar verder zijn er nauwelijks verschillen in beide technieken.

IDEF0 is niet event-based. We passen een decompositiemodel toe, waarbij we op het hoogste niveau het gehele analysegebied samenbundelen in één activiteit, met alle in- en uitgaande stromen.
Daaronder volgt de decompositie. Op het eerste niveau onder de 'top' staan 3 – 6 hoofdactiviteiten. Elke hoofdactiviteit kan weer verder worden gedecomponeerd, totdat het gewenste

detailniveau bereikt is. Dat is het geval als de (sub)activiteit in slechts enkele regels tekst kan worden beschreven.

Voor een eerste uitleg volgen we het model van 'Bereid maaltijd' (figuur 4.8).

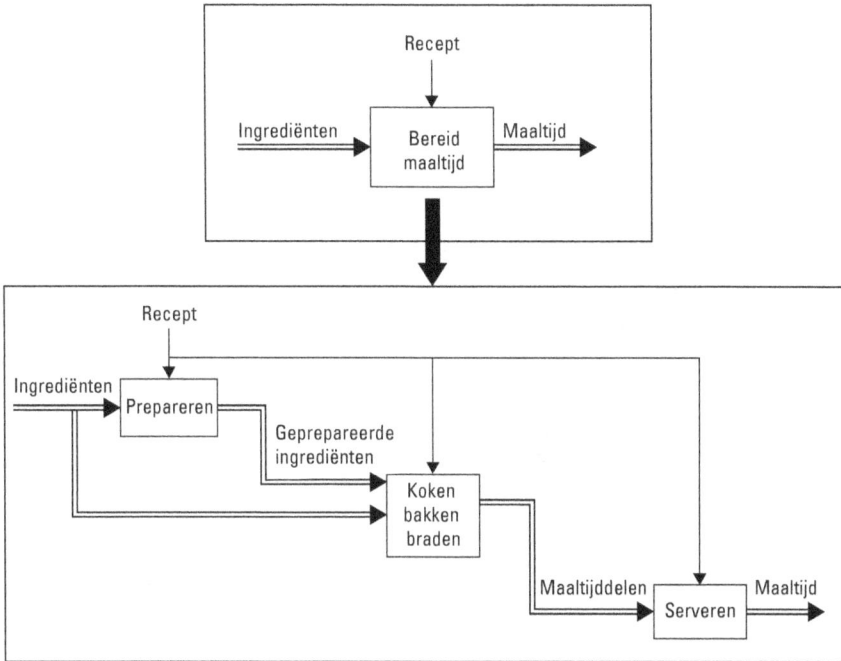

Figuur 4.8   Model 'Bereid maaltijd'

Rechthoeken zijn activiteiten, pijlen zijn stromen. Inputstromen komen links een activiteit binnen, outputstromen verlaten de activiteit rechts. De activiteit verwerkt (transformeert) inputstromen via een proces tot uitvoerstromen, waarbij control-stromen (boven ingaand) 'richtinggevend' zijn in het proces. Het recept is een duidelijk voorbeeld van een control: het verandert niet, maar geeft wel richting aan het prepareren, koken, bakken en braden en serveren.

In IDEF0 bestaat de mogelijkheid om ook de onderkant van de rechthoek voor een activiteit te benutten door een pijl naar de activiteit toe te tekenen. Dat is een 'mechanism', een hulpmiddel of 'gereedschap' bij het uitvoeren van de activiteit. In 'Bereid maaltijd' kan gedacht worden aan een kookplaat, een magnetron of iets dergelijks. Maar dat zijn implementatiezaken. Bij het modelleren van bedrijfsprocessen negeren we implementatieaspecten.

IDEF0 gebruikt een systeem voor naamgeving en nummers van activiteiten en diagrammen. Figuur 4.9 geeft een overzicht van dit nummersysteem.

Het topdiagram bevat een activiteit met nummer A0. Het diagram zelf draagt nummer A-0. De naam van de activiteit A0 is dezelfde als de naam van diagram A0. De activiteiten op A0

A-0
(topdiagram)

bevat A0

A0

bevat A1, A2, ...

A1

bevat A11, A12, ...

Enzovoort...

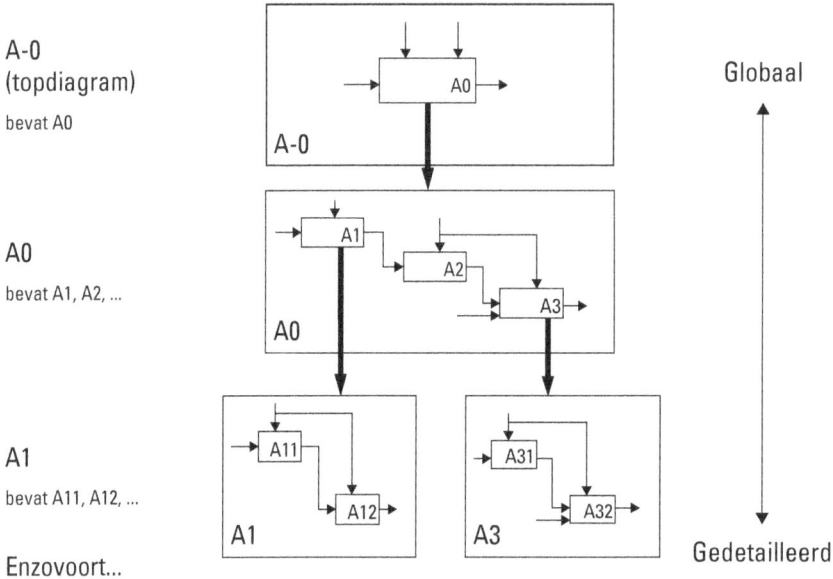

Met de nummers gaan ook de namen mee: de naam van activiteit A0
wordt de naam van diagram A0, de naam van activiteit A1 wordt de
naam van diagram A1 enzovoort.

Figuur 4.9   Nummering activiteiten en diagrammen

zijn genummerd: A1, A2 enzovoort. Het diagram met daarop de decompositie van A2 krijgt
het nummer en de naam van activiteit A2, en zo verder.

Als voorbeeld nemen we nu de supermarkt van hoofdstuk 3, de huidige situatie. In figuur
4.10 zien we het A0-diagram dat vergeleken moet worden met het business use case diagram
van figuur 3.6.

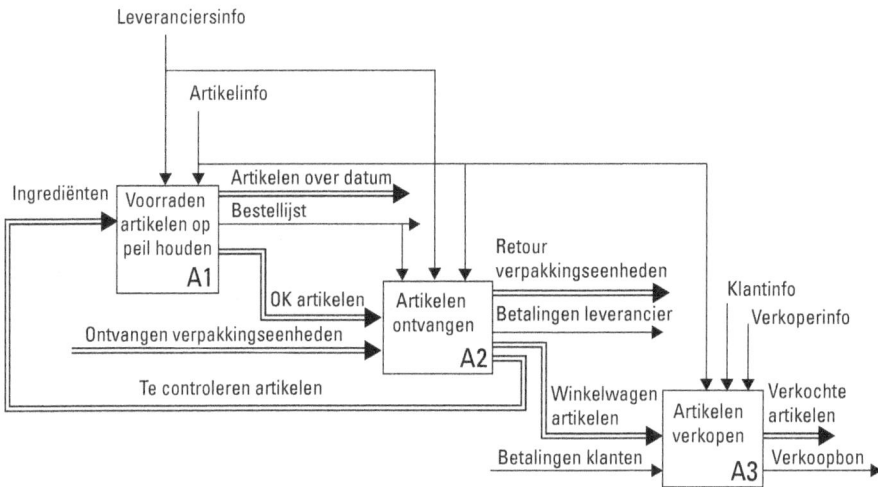

Figuur 4.10   A0 Beheer supermarkt

De decompositie van activiteit A3 zien we in figuur 4.11. Inhoudelijk kan het A3-diagram vergeleken worden met de figuren 3.7 (use case beschrijving) en 3.8 (activity diagram).

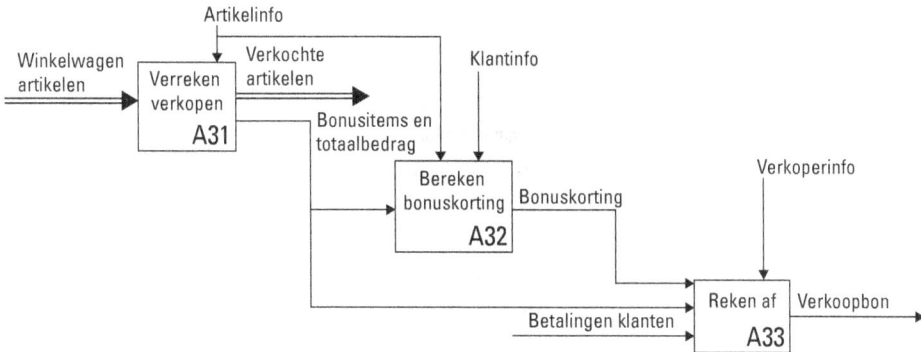

Figuur 4.11   A3 Artikelen verkopen

Informatie wordt met een enkele lijn aangegeven. Materie geven we met een dubbele lijn aan. Daarbij wordt vaak gebruikgemaakt van de conventie dat een materiestroom ook informatiedragend is: we hoeven daarom geen twee pijlen te tekenen. Een voorbeeld vinden we in 'Ontvangen verpakkingseenheden' (figuur 4.10, invoer voor A2). Deze komen van de leverancier en zijn ongetwijfeld voorzien van begeleidingsdocumenten of 'pakbonnen' die informatie bevatten over het materiële deel van de stroom.

Er zijn meer conventies van toepassing. Een belangrijke daarvan is dat de output van een activiteit gemaakt moet kunnen worden uit de inputs en controls. En verder moet een decompositie natuurlijk inhoudelijk consistent zijn met het proces dat gedecomponeerd is.

Hoewel activiteiten in IDEF0 op alle niveaus beschreven mogen worden, beperken we ons doorgaans toch tot activiteiten op de laagste niveaus, de zogeheten elementaire activiteiten.

IDEF0 en ER samen

In hoofdstuk 3 hebben we business classes afgeleid uit beschrijvingen van use cases. Iets soortgelijks kan bij IDEF0 ook. We volgen dan de beschrijvingen van de stromen in de IDEF0-diagrammen; die bevatten de noodzakelijke details om tot ER-diagrammen te komen. Op niveau A-0 kan vast een bescheiden begin worden gemaakt met een ER-diagram dat daarbij past. Als vervolgens het A0-diagram klaar is, kunnen we submodellen maken voor elke hoofdactiviteit op dit diagram. Deze submodellen kunnen we dan weer samenvoegen om het oorspronkelijke model dat bij A-0 paste, te vervangen: het nieuwe model zal gedetailleerder zijn, omdat gegevens uit interne stromen, die op A-0 nog niet te zien waren, erbij zijn gekomen.

Naar de lagere niveaus in het IDEF0-model kunnen we dezelfde werkwijze blijven voortzetten. Uiteindelijk houden we een gedetailleerde decompositie van activiteiten en een gedetailleerd ER-model over. We garanderen daarmee tevens dat het activiteitenmodel en het ER-model in lijn met elkaar blijven.

4.4   ER-modellen

Het is goed te weten, dat het class diagram dat tot UML behoort gebaseerd is op ER, het 'Entity Relationship'-model. In veel organisaties zien we varianten van het ER-model: modellen volgens de Martin-notatie, de Chen-notatie of de ISO-notatie. Het belangrijkste verschil tussen een class diagram en een ER-diagram is dat een class diagram data en operations bevat, en een ER-diagram alleen data. Voor de rest zijn de verschillen niet groot, ze zitten vooral in de notatiewijzen. Uitgaande van het uiteindelijke class diagram van hoofdstuk 3, volgen we deze verschillen.

In hoofdstuk 3 bouwden we een model op van business classes voor de supermarkt. Dat model is weergegeven in figuur 3.19. Later hebben we dit model iets uitgebreid met de structuur van figuur 3.25. De combinatie van deze twee modellen is nu ons uitgangspunt (figuur 4.12).

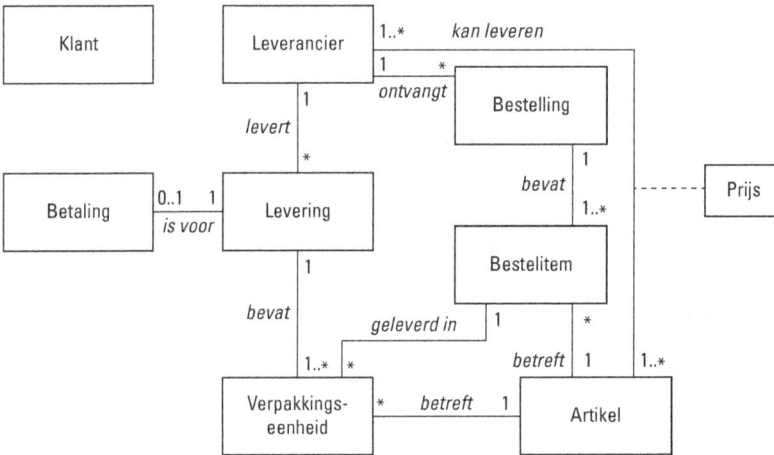

Figuur 4.12   Business classes voor de supermarkt

We hebben de notatiewijze van UML gebruikt. Dit is onder andere te zien aan de notaties voor multipliciteit en association class (Prijs). In de notatiewijze van Martin ziet het model uit als in figuur 4.13.

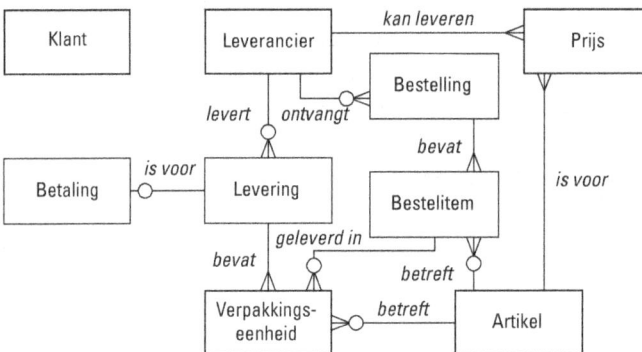

Figuur 4.13   ER-diagram supermarkt in de Martin-notatie

De Martin-notatie kent alleen binaire relatietypen. Om een structuur met een association class uit te beelden moeten we daarom twee relatietypen weergeven, namelijk: 'kan leveren' en 'is voor'.

We geven hetzelfde model nu weer volgens de Chen-notatie, zie figuur 4.14.

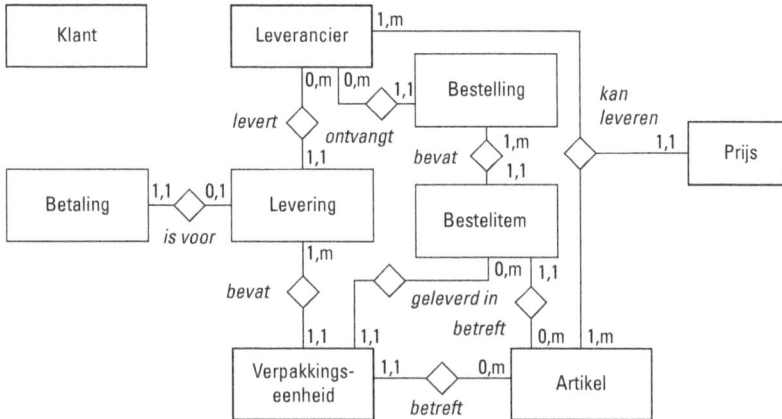

Figuur 4.14   ER-diagram supermarkt in de Chen-notatie

Het eerste wat opvalt is dat de multipliciteit anders wordt genoteerd dan in de UML- en Martin-notatie. Een leverancier bijvoorbeeld heeft op enig moment in de tijd 0, 1 of meer leveringen uitstaan: dit wordt genoteerd als '0,m' bij Leverancier. Vóór de komma staat minimum, achter de komma maximum. Gaan we naar Levering, dan zien we dat een levering maar door één leverancier gedaan kan zijn: minimaal 1, maximaal 1, dus precies 1 bij Levering.

De Chen-notatie kan ternaire relatietypen wel weergeven. We zien die in de relatie tussen Leverancier, Artikel en Prijs. De betekenis is, dat leveranciers voor meerdere artikelen prijzen afgeven, dat artikelen door meerdere leveranciers van prijzen worden voorzien en dat een prijs geldt voor één leverancier en één artikel.

Het model in ISO-notatie komt vrijwel geheel overeen met het model in Chen-notatie. Alleen het symbool in de associatie verschilt: in plaats van een ruit tekenen we een langwerpige rechthoek met afgeronde hoeken.

4.5   Uit de praktijk

Ook met de hiervoor beschreven technieken kunnen we business modeling toepassen. De verschillen in technieken aan de gegevenskant zijn klein. Groter zijn de verschillen aan de proceskant. BPMN bevat veel meer symbolen dan activity diagrams, maar die zijn lang niet altijd allemaal nodig. De opsteller van procesmodellen moet zich goed realiseren dat hij de modellen maakt om bestaande (IST) en gewenste (SOLL) situaties vast te leggen, te kunnen controleren en de kennis daarover aan anderen over te dragen. De modellen drukken tevens uit in hoeverre de huidige en gewenste situatie van elkaar verschillen. Dat moet duidelijk en ondubbelzinnig in kaart worden gebracht. Ook tussen BPMN en activity diagrams enerzijds en IDEF0 anderzijds zijn de verschillen groot. IDEF0 werkt met zeer weinig symbolen, maar het belangrijkste verschil vinden we in het omgaan met details. BPMN en activity diagrams zijn event based en drukken de activiteitenstroom in een proces zo veel mogelijk uit in een 'plat model'. Werken met subprocessen kan, maar is geen vooropgesteld doel. Dat doel is er bij IDEF0 wel: we willen niet meer dan zes processen in één diagram. Dit maakt decompositie al snel noodzakelijk. Het voordeel daarvan is dat, voor een globaal overzicht van het geheel, kennisname van de bovenste diagrammen in de hiërarchie voldoende is. Willen we meer detail, dan dalen we door de hiërarchie naar beneden tot het gewenste niveau is bereikt. Een bijna identieke manier van werken wordt op systeemniveau toegepast, als we dataflow diagrams volgens Yourdon (SA/SD) gebruiken om de functionaliteit van een systeem in kaart te brengen (zie figuur 4.1). Heel anders is UML daarin op systeemniveau, omdat classes zowel attributen (data) als operations (processen) representeren, conform het objectgeoriënteerde paradigma. In paragraaf 3.4 hebben we al een en ander hierover laten zien.

5 Managementfilosofieën en requirements

5.1 Inleiding

In hoofdstuk 2 hebben we de SWOT-analyse gekozen als managementinstrument voor het analyseren van de behoeften van en alternatieven voor een organisatie. Eerst worden de business requirements boven water gehaald, geanalyseerd en van oplossingsalternatieven voorzien. Vervolgens worden geschikte maatregelen bekeken en gewogen qua impact op de organisatie. Uiteindelijk leidt dat tot het voorstel voor een project dat moet leiden tot verbeterde processen in de organisatie.

Vaak werkt een dergelijke aanpak goed, als we telkens kleine stappen willen maken in delen van de organisatie. Dat kost wel tijd. Als we de hele organisatie willen mobiliseren om in minder tijd toch ingrijpende veranderingen door te voeren die tot grote verbeteringen leiden, langs wegen van grotere klanttevredenheid, kostenreductie, kwaliteitsverbetering en betrokkenheid van medewerkers, dan kunnen we onze toevlucht nemen tot één van de bestaande managementfilosofieën.

Een vroege voorloper (begin jaren '90 van de vorige eeuw) van de huidige management-filosofieën is BPR, Business Process Redesign of Business Process Reengineering. De grondlegger was Michael Hammer. Hij vond dat automatiseren van bedrijfsprocessen alleen nuttig was als de bedrijfsprocessen ook grondig zouden worden geherstructureerd. Pas dan zou de organisatie een veel grotere efficiency en effectiviteit kunnen realiseren. Hij onderkende dat informatietechnologie voor radicale verbeteringen kon zorgen als men het traditionele denken over organiseren van werk zou loslaten. BPR staat bekend als de 'schone lei' of 'de groene wei'-aanpak. De resultaten die ermee zijn behaald zijn wisselend: grote successen naast grote mislukkingen. De mislukkingen zijn in hoofdzaak terug te voeren op gebrek aan commitment en leiderschap bij het management, onderschatting van de impact van grote veranderingen in de organisatie en weerstand tegen die veranderingen. Uiteindelijk heeft BPR geleid tot meer verfijnde methoden voor het analyseren, efficiënter inrichten en effectiever inzetten van bedrijfsprocessen. We geven geen volledige opsomming daarvan, maar beperken ons in dit hoofdstuk tot de meest gangbare filosofieën: Lean manufacturing, Six Sigma en Lean Six Sigma.

In dit hoofdstuk gaan we slechts kort in op de algemene achtergronden van deze filosofieën. Ons gaat het meer om specifieke requirements die deze filosofieën teweegbrengen, en hoe een Bia daarmee om kan gaan.

We zijn er ons van bewust dat er meer nodig is voor het professionaliseren van een organisatie dan het toepassen van één van de genoemde managementfilosofieën. We denken dan onder andere aan BiSL als procesmodel voor businessinformatiemanagement, en PRINCE2 of PMBOK (Project Management Body of Knowledge) voor projectmanagement.

5.2   Lean manufacturing

Lean manufacturing is aanvankelijk ontwikkeld bij Ford en later doorontwikkeld bij Toyota onder de naam TPS, het Toyota Production System.

Een primair doel van Lean manufacturing is het elimineren van verspillingen, van zaken die geen toegevoegde waarde leveren. De belangrijkste verspilling is overproductie, omdat die andere verspillingen genereert zoals overtollige voorraden, defecten en onnodig transport.

Door verspillingen te elimineren stijgt de kwaliteit van de producten, worden de kosten gereduceerd en neemt de winst toe. Verspillingen moeten plaats maken voor duurzaamheid.

Bij het lezen van 'manufacturing' lijkt het misschien zo, dat we aan productiebedrijven moeten denken. Bepaalde technieken in de verschillende Lean-varianten zijn daar weliswaar ontstaan, maar toepassing van deze technieken is al lang niet meer beperkt tot productiebedrijven alleen. Neem bijvoorbeeld een ziekenhuis. Het 'product' is de behandeling en de 'klant' is de patiënt en zijn of haar verzekeraar. Efficiënter werken betekent in dit geval niet alleen tegen relatief lage kosten, waardoor het ziekenhuis meer concurrerend wordt, maar meestal ook een korte(re) opnameduur voor de patiënt en een betere behandeling.

Grote voordelen van Lean manufacturing zijn kwaliteitsverbetering, kostenreductie en het verkorten van de levertijd. Daarnaast blijkt in de praktijk vaak dat ook de veiligheid, de werkhygiëne en de ergonomie ermee verbeteren.

Als nadeel wordt soms genoemd dat de focus te veel ligt op het verbeteren van de huidige producten. Nieuwe innovatieve technieken zouden daardoor minder kansen krijgen.

5.3   Six Sigma

Six Sigma is ontwikkeld bij Motorola, een Amerikaanse telecom-multinational. Six Sigma beoogt processen in een organisatie te verbeteren met als doel: een laag foutenniveau en een hoge mate van klanttevredenheid door focus op kwaliteit voor afnemers.

In de statistiek is σ (sigma) een maatstaf voor de spreiding van een variabele. Binnen Six Sigma is het een indicatie voor de variatie in het proces, ofwel voor de mate waarin het proces onder controle is.

De volwassenheid van een productieproces drukken we uit in 'aantallen σ'. Bij 6σ is 99,9997% van de producten foutloos, en vertoont 3,4 op de één miljoen producten fouten. Bij 1σ is slechts 30,9% van de producten foutloos en vertonen 691.462 op de één miljoen producten fouten.

Het verband tussen de σ-waarde, percentages goede en foute producten en DPMO (Defects Per Million Opportunities) is weergegeven in tabel 5.1.

Motorola stelde het doel op 6σ voor alle productieprocessen, en dit werd de bijnaam voor alle bedrijfskundige en technische activiteiten om dit doel te bereiken. Ook de luchtvaartindustrie werkt met 6σ.

Tabel 5.1   Sigma's van 1 tot en met 6

σ	% Goed	% Defect	DPMO
1	30,9	69,1	691.462
2	69,1	30,9	308.538
3	93,3	6,7	66.807
4	99,38	0,62	6.210
5	99,977	0,023	233
6	99,9997	0,00034	3,4

In het algemeen wordt bij organisaties waar geen actieve kwaliteitsbewaking plaatsvindt, gewerkt met een proceskwaliteit van grofweg 2σ tot 3σ (ongeveer 31% of minder tot 7% aan defecten) per processtap.

Het plan dat tot verbetering moet leiden bestaat uit vijf stappen, waarvan de beginletters het acroniem DMAIC vormen, en waarin we de Deming-cirkel herkennen (zie ook figuur 5.1):
- Define. Hierin wordt vastgesteld wat de uitgangspunten van de activiteiten zijn, welke wensen de klant heeft en hoe de processen in elkaar zitten.
- Measure. Hierin wordt informatie verzameld over het procesverloop en de resultaten daarvan; informatie over de prestatie van het proces dus.
- Analyze. In deze stap wordt de verzamelde informatie geanalyseerd en zoeken we naar de onderbouwing voor oorzaken van problemen.
- Improve. Hierin worden per activiteit oplossingen ontworpen en geselecteerd.
- Control. In deze laatste stap worden de oplossingen geïmplementeerd en geborgd.

Figuur 5.1   DMAIC

Dit stappenplan blijven we alsmaar herhalen, waardoor het continu tot verbeteringen leidt. In een samenleving waarin klanten steeds veeleisender worden, zijn lage foutenpercentages belangrijk om onderscheidend te zijn ten opzichte van de concurrentie.

5.4   Lean Six Sigma

Lean Six Sigma is, zoals de naam al aangeeft, een combinatie van Lean manufacturing en Six Sigma. Bij Lean manufacturing ligt de focus op het reduceren van verspillingen in materialen, tijd en creativiteit, terwijl de focus bij Six Sigma ligt op continue verbetering van kwaliteit van bedrijfsprocessen en producten. Door beide filosofieën samen toe te passen streven we naar een continue kwaliteitsverbetering van afgeslankte processen. De resultaten zijn: efficiënter en beter werken.

De combinatie van Lean manufacturing en Six Sigma is voor veel organisaties een goede combinatie, maar vooral voor organisaties:
- met processen die onderverdeeld zijn in veel elkaar opvolgende deelprocessen, die nodig zijn om een product of dienst te leveren, en:
- waarin kwaliteit een belangrijk verschil kan maken in de concurrentie met organisaties in hetzelfde marktsegment.

Een aantal grote bedrijven past Lean Six Sigma toe. In Nederland zijn dat bijvoorbeeld AkzoNobel, Philips, Sabic en Shell, maar ook het Universitair Medisch Centrum in Groningen. Die laatste is wellicht opvallend, vooral als we zien dat niet alleen administratieve (niet-medische) processen betrokken zijn, maar ook medische. Bij de medische processen gaat het niet om medische handelingen zoals operaties, maar meer om de logistiek daar omheen. Denk daarbij bijvoorbeeld aan het tijdig gereed maken van operatiekamers, aan efficiënte intakeprocedures en aan het afstemmen van medische handelingen.
Ook bij Toyota, waar Lean manufacturing is ontwikkeld, vinden we Lean Six Sigma terug in het doorontwikkelde Toyota Production System.

5.5   Requirements in managementfilosofieën

De scope van managementfilosofieën betreft de gehele procesketen, vanaf leverancier tot klant. Om beslissingen te onderbouwen moeten we vaak teruggrijpen op kennis uit het verleden, maar we moeten ook rekening houden met de verwachtingen voor de toekomst. In het algemeen zijn daar veel gegevens voor nodig over langere tijd, gegevens die zowel kwantitatief als kwalitatief zijn. Denk daarbij aan zaken als:
1. Wat ging fout, waar, wanneer, waarom (oorzaak) en met welk gevolg?
2. Hoeveel klachten van klanten werden ontvangen, wanneer, waar gingen die over, hoe hebben we ze afgehandeld?
3. Hoe vaak hebben we later geleverd dan afgesproken, en waarom?
4. Bleven voorraden binnen de normen, en zo nee, hoe groot was de overschrijding per productsoort en wat waren de oorzaken?
5. Welke staffels van levertijden en prijzen hanteren leveranciers per productsoort?
6. Wat nemen klanten van ons af, en volgens welke vraagpatronen?
7. Welk proces in de keten vergt de meeste kosten?
8. Wat waren de verkopen per productsoort per bedrijfsonderdeel per kwartaal over het afgelopen jaar?
9. Waar vinden we potentiële klanten, en hoe bereiken we hen?
10. Hoe verhouden onze prijzen zich ten opzichte van onze belangrijkste concurrenten?

In dit soort vragen zien we natuurlijk de business requirements terug die ervoor moeten zorgen dat er voldoende betrouwbare gegevens worden verzameld zodat, op het moment dat een overzicht voor besluitvorming gevraagd wordt, dit overzicht ook gegeven kan worden. In een productiebedrijf zou, voordat de hiervoor genoemde vragen aan de orde waren, een model van business classes zoals in figuur 5.2 toereikend zijn geweest.

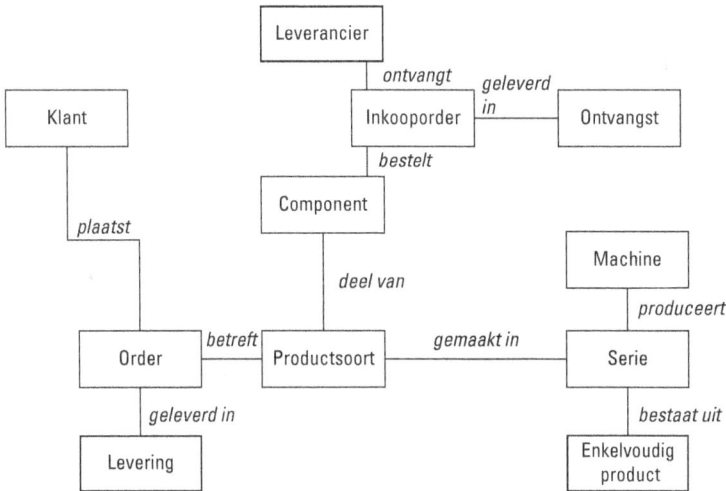

Figuur 5.2   Business classes vóór Lean

Nadat de requirements uit de vragen verwerkt zijn, wordt de structuur fors uitgebreid (zie figuur 5.3). In de gekleurde vlakken zien we de uitbreidingen, de nummers betreffen de vragen die tot de uitbreiding hebben geleid.

De structuren onder Klant, Levering en Enkelvoudig product zijn generalisatiestructuren, waarin boven de open pijl de superclass staat, die verdeeld is in onderliggende sub-classes. De eigenschappen van de superclass zijn ook van toepassing op de sub-classes, door middel van overerving of inheritance.

Het omgaan met grote hoeveelheden gegevens voor besluitvorming brengt sommige organisaties ertoe over te gaan op data warehousing en business intelligence.
Een data warehouse is een 'gegevenspakhuis'. Voor het realiseren van de sturing op de bedrijfsdoelen zijn gegevens nodig die uit diverse bronnen afkomstig zijn. Deze gegevens worden verzameld, geïntegreerd en voorbereid op het gewenste gebruik. Dat is niet altijd eenvoudig, met name in situaties dat de organisatie verdeeld is over meerdere vestigingen. Vaak dragen gegevens in verschillende vestigingen wel dezelfde naam, maar bij nader inzien blijkt de betekenis niet geheel overeen te komen. Vestiging A rekent met een prijs inclusief een bepaalde toeslag, voor vestiging B is de toeslag exclusief. We moeten dan eerst de gegevens onder een gemeenschappelijke noemer brengen. Een ander probleem vormt de tijdigheid. De gegevens van alle bronnen moeten op tijd ter beschikking komen, anders gaat een deel van het nut van de analyse verloren. Ook kunnen lokale belangen nog een rol spelen. Het bedrijven van 'politiek', waarbij gegevens bewust worden achtergehouden of gemanipuleerd,

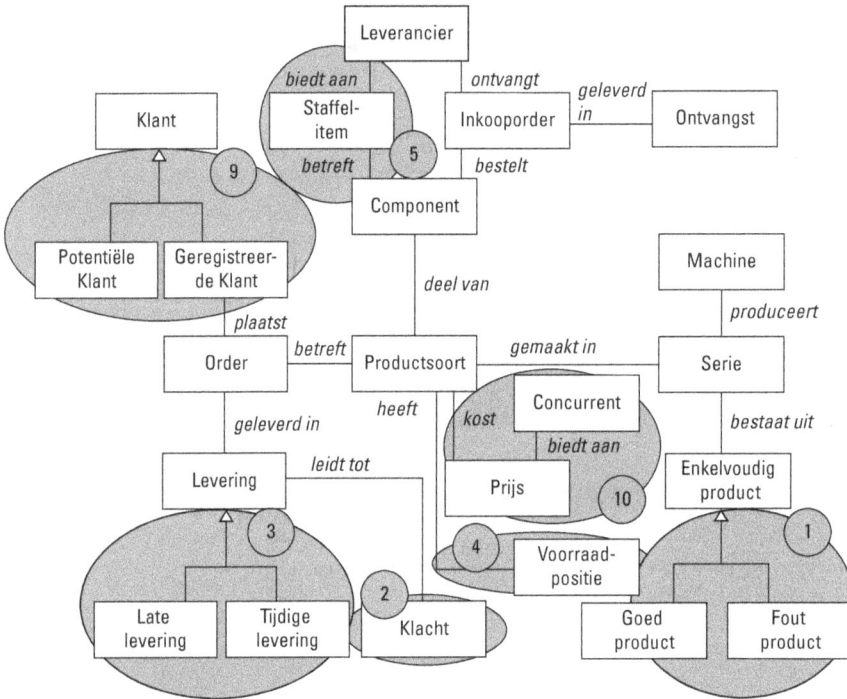

Figuur 5.3 Business classes ten gevolge van Lean

moeten we niet uitsluiten. De Bia heeft hier een belangrijke taak: zorgen dat betrouwbare en vergelijkbare gegevens tijdig ter beschikking komen.

Business intelligence is het omzetten van gegevens in informatie waarmee de organisatie beter op haar doelen kan sturen en beter op de toekomst kan anticiperen. Daarbij past de organisatie data mining en zogeheten OLAP-tools (On-Line Analytical Processing) toe. Data mining is het proces waarbij intelligente methoden worden toegepast om patronen uit getransformeerde gegevens te halen. OLAP-tools worden meegeleverd met de data ware-house-software. Met OLAP kunnen we eenvoudige analyses doen in de stijl van: 'hoeveel van product A werd er verkocht in regio M gedurende periode P?', of: 'wat is het zwakste product in regio C dit jaar tot vorige maand?' Figuur 5.4 geeft een beeld van een data warehouse-omgeving.

CRM staat voor Customer Relationship Management. De gegevens daarin zijn gericht op het binnenhalen en behouden van de juiste klanten door inzicht te verwerven in hun voor-keuren voor bepaalde productsoorten.
ETL extraheert de gegevens uit diverse bronnen, transformeert ze en laadt ze naar het data warehouse. Van daaruit kunnen analyses plaatsvinden.

Het inrichten van de technische kant van data warehousing, data mining en OLAP valt natuurlijk buiten het werkterrein van de Bia. Maar het is wel goed om kennis te nemen van

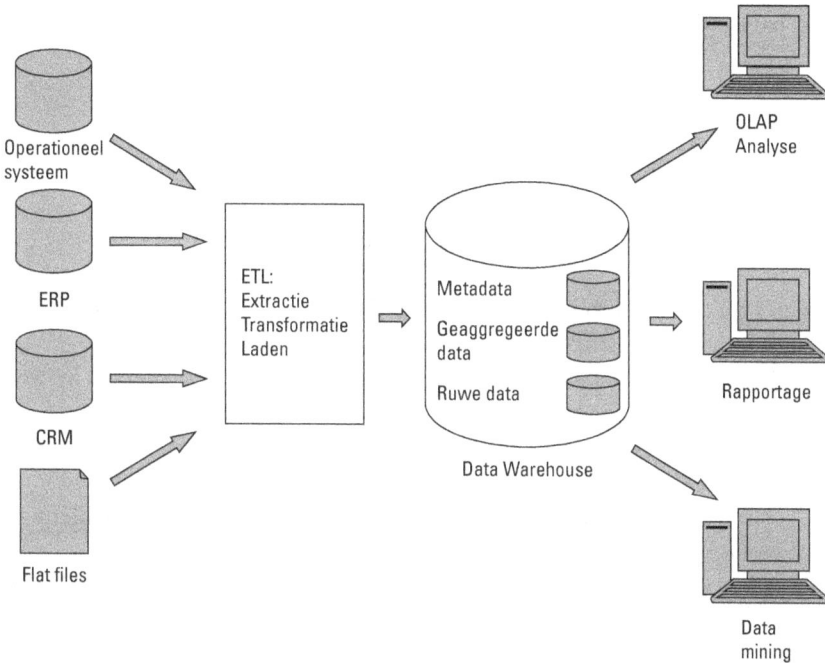

Figuur 5.4   Data warehouse-omgeving

de mogelijkheden die deze technieken bieden, en hoe ze de beslissingsprocessen kunnen ondersteunen.

5.6   Lean IT

Inmiddels is men ook in de IT-wereld overtuigd geraakt van het nut van Lean. Lean IT is sterk gericht op de cultuur in een IT-organisatie en gaat over het ontwikkelen en managen van IT-producten en –diensten. De klant staat daarbij centraal. Alle dienstverlening die een klant niet waardevol vindt of die voor hem geen meerwaarde realiseert, wordt als verspilling aangemerkt en uitgefaseerd. Dit zijn de principes van Lean IT:
- Verhogen van de waarde van de dienstverlening voor de klant.
- Verwijderen van verspilling (bijvoorbeeld het maken van rapporten waar niemand iets mee doet, trage responsetijden).
- Management als facilitator.
- Betrokkenheid van alle medewerkers (Lean IT is meer een mindset dan een werkwijze).
- Continu verbeteren.
- Verbeteringen borgen.

De kostenreductie die vaak met Lean IT gerealiseerd wordt is een gevolg, geen doel. Het primaire doel van Lean IT is immers het vergroten van de kwaliteit van de IT-producten en -dienstverlening aan de klant.

5.7   Uit de praktijk

Het volgen van een managementfilosofie is een ingrijpend veranderingsproces dat organisatiebreed uitpakt. Boudewijn Hopstaken en Aad Kranendonk bedachten een formule die aangeeft wat ervoor nodig is om daarbij succesvol te zijn:

Verandering = Visie × Durf × Mogelijkheden × Ongenoegen.

Wiskundig gezien staat hier een product. Het resultaat daarvan is 0 als tenminste één van de factoren 0 is. Hiermee wordt gesymboliseerd dat:
- zonder duidelijke, realistische en breed uitgedragen visie het hoe en waarom van het veranderingsproces niet begrepen wordt, en mogelijk wordt tegengewerkt;
- elke verandering in zekere zin een stap in het ongewisse is en van betrokkenen de moed vraagt om de stap toch te zetten;
- er voldoende support (bijvoorbeeld opleiding) moet zijn gedurende het hele veranderingsproces, daar waar nodig;
- als er onvoldoende ongenoegen bestaat over de huidige toestand, de motivatie tot verandering zal ontbreken.

Vaak werken beperkte pilotprojecten die snel tot successen leiden stimulerend om organisatiebreed verder te gaan.

Ook is borging belangrijk. We zagen dit al bij Six Sigma, in de C (= Control) van DMAIC (figuur 5.1).

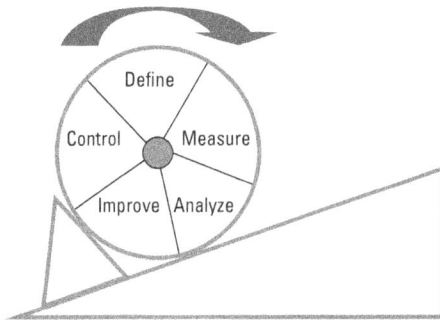

Figuur 5.5   DMAIC

Figuur 5.5 symboliseert de continue verbetering met DMAIC door een bal tegen een helling op te rollen, wat moeite zal kosten. De bal rolt gemakkelijk terug als hij niet geborgd wordt (door het driehoekige blok). Daarmee wordt de dreiging gesymboliseerd om terug te vallen in oude gewoonten, als we de veranderingen die tot verbeteringen hebben geleid, niet consolideren. In figuur 5.5 vinden we daarmee ook de drie hoofdfasen van veranderingen, bekend uit de sociale wetenschappen (Kurt Lewin, John Kotter), terug. Het zijn:
- ontdooien (bestaande, vertrouwde zaken loslaten voordat we de bal aan het rollen brengen);

- veranderen (de verandering invoeren door de bal vooruit te rollen);
- invriezen (consolideren en verankeren van de verandering in de organisatie door ervoor te zorgen dat de bal niet terug kan rollen).

Aanpakken voor procesverbetering zoals Lean manufacturing, Six Sigma en Lean Six Sigma zijn kapstokken waaraan de 'kleinere zaken van alledag' hun plek moeten vinden.

6 Competenties, taken en rollen van de Bia

6.1 Inleiding

In hoofdstuk 1, 'Verkenning', hebben we al gezien dat de Bia contacten onderhoudt met medewerkers (stakeholders) in alle lagen van de organisatie.

De Bia draagt bij aan het businessplan en aan de ICT-strategie. Hij is verantwoordelijk voor businessrelaties en voor de businesscase voor de oplossingen die hij voorstelt. Hij heeft een uitgebreid takenpakket:

- identificeren van processen die voor verbetering vatbaar zijn;
- ICT-oplossingen voorstellen die passen binnen de ICT-strategie;
- opstellen van requirements;
- modelleren van bedrijfsprocessen en informatiestructuren;
- innovaties doorvoeren die leiden tot meer efficiency en die de concurrentiepositie van de organisatie kunnen verbeteren.

Hij vervult een dubbelrol. In zijn rol van businessanalist verbetert hij processen, in zijn rol van informatieanalist draagt hij bij aan ICT-oplossingen voor de business. Dat vraagt om bijzondere competenties.

Nu bestaan er met betrekking tot dit onderwerp meerdere frameworks, maar die geven geen eenduidig beeld van de soorten, de namen en de specifieke eigenschappen van competenties. In dit hoofdstuk geven we daarom een zo goed mogelijk beeld van de competenties voor een Bia, ontleend aan de volgende bronnen:

- Het rapport '*Taken, Functies, Rollen en Competenties*' van het NGI (2001)
- De IPMA Competence Baseline versie 3 (*ICB versie 3*, 2006; Nederlandse vertaling *NCB versie 3*, 2007)
- De resultaten van een conferentie van ASL BiSL Foundation (2013)
- Het e-CF, European e-Competence Framework versie 3 (2014), de standaard voor de IT-sector.

Daarnaast hebben we gekeken naar competenties die organisaties in personeelsadvertenties omschrijven als ze een Bia willen aantrekken. De meest gangbare indeling in soorten competenties is die in branchespecifieke competenties, businesscompetenties, vaktechnische competenties en persoonlijke competenties. Die indeling volgen we in dit hoofdstuk.

6.2 Branchespecifieke competenties

Organisaties behoren tot een bepaalde branche, zoals automotive, bouw, gezondheidszorg, transport, veehouderij enzovoort. Elke branche heeft zijn eigen behoeften, informatievoorziening, processen, producten of diensten, bestuursvorm enzovoort.

Domeinkennis hebben is altijd belangrijk voor een Bia, of hij nu een (langdurig) dienstverband heeft met de organisatie waarin hij werkt, of regelmatig van organisatie wisselt vanwege zijn werk als consultant.

Werkervaring in de branche geeft inzicht in alle aspecten die specifiek zijn voor de branche. Daarnaast is het belangrijk om de laatste ontwikkelingen, trends, kansen en bedreigingen te volgen. Banken hebben met alle branches contacten, en weten precies wat daar speelt. Hun visies op branches in het Nederlandse bedrijfsleven zijn voor iedereen toegankelijk via rapportages en dergelijke.

6.3   Businesscompetenties

De Bia moet beschikken over algemene kennis van organisaties: welke structuren daarin te herkennen zijn (lijn, lijn-staf of matrix), en hoe de besturing plaatsvindt. Hij moet begrijpen waarom en hoe een organisatie moet veranderen om tegemoet te komen aan de strategische doelen van het management.

Competenties die daarbij horen zijn:
- Bijdragen aan de voorbereiding van het businessplan.
- Identificeren van bedrijfsprocessen die verbeterd kunnen worden.
- Opstellen van business requirements.
- Opstellen van alternatieven voor oplossingen.
- Bepalen welke impact de alternatieven op de organisatie zullen hebben.
- Opstellen van de business case voor de alternatieven.
- Opstellen van system requirements voor ICT-delen van de oplossingen.
- Kennis hebben van functiescheiding en interne controle.

In hoofdstuk 2, tabel 2.2 hebben we een overzicht gegeven van organisatietypen, de taakcoördinaties daarin, de belangrijkste organisatieonderdelen en de typische kenmerken die op elk van de organisaties van toepassing zijn. De Bia moet in staat zijn om de organisatie waarvoor hij werkt hierin een plaats te geven.

6.4   Vaktechnische competenties

De Bia moet zijn vakkennis goed beheersen en zijn kennis continu op peil houden. Veranderingen in methoden, technieken en trends volgen elkaar snel op. Het is zaak om bij te blijven. Competenties die daarbij horen zijn:
- Kennis hebben van methoden en technieken voor procesverbetering.
- Requirements ondubbelzinnig en helder kunnen formuleren.
- Modellen van bedrijfsprocessen, objecten en besturing kunnen opstellen.
- Kunnen variëren in technieken voor het opstellen van modellen, afhankelijk van wat standaard is in de opdrachtgevende organisatie.

- Kennis hebben van ontwikkelingen en trends in de ICT.
- Kennis hebben van architectuurstandaards (zoals TOGAF of IAF).

Kortom, vrijwel alles wat in dit boek behandeld is, moet hij als kennis in zijn bagage hebben.

6.5 Persoonlijke competenties

Modellen van bedrijfsprocessen en business classes zijn uitstekende hulpmiddelen in de communicatie tussen allen die betrokkenen zijn bij veranderingstrajecten. Ze geven een instrumenteel beeld van de business. Hoe nuttig deze modellen ook zijn, veel hangt af van de persoonlijke vaardigheden van betrokkenen in de communicatie over de modellen. Een model kan goed zijn, maar als het niet goed voor het voetlicht wordt gebracht, komt de boodschap die erachter zit waarschijnlijk niet over.

De volgende persoonlijke competenties zijn belangrijk voor een Bia:
- Beschikken over analytisch denkvermogen.
- Klantgericht zijn.
- Methodisch kunnen werken.
- Organisatiebewust zijn.
- Communicatief sterk zijn (mondeling en schriftelijk).
- Kunnen improviseren.
- Initiatief tonen.
- Leiding kunnen geven.
- Met weerstand om kunnen gaan.
- Stressbestendig zijn.
- Adviesvaardig zijn.

Op enkele van deze persoonlijke competenties gaan we in deze paragraaf dieper in.

Organisatiebewustzijn
Organisatiebewustzijn (of organisatiesensitiviteit) betekent dat de Bia, naast formele zaken, oog moet hebben voor onderlinge verhoudingen, posities, belangen en gedragingen van mensen in de organisatie. Om iets voor elkaar te krijgen is het belangrijk om te weten hoe de organisatie feitelijk in elkaar zit. Daarnaast is het goed kunnen communiceren een belangrijke factor. We gaan daar nu wat dieper op in.

Communicatief sterk zijn
In het algemeen kan een Bia niet veel veranderen aan de wijze waarop anderen communiceren. Wat hij wel kan doen is zichzelf goed voorbereiden, gedegen presentaties geven en in persoonlijke contacten een opstelling kiezen, die voorkomt dat er misvattingen, irritaties en fricties ontstaan. Kennis over 'sociale stijl', van hem zelf en die van anderen, is daarbij erg belangrijk, zeker omdat zijn contacten reiken van de directiekamer tot aan de werkvloer.

1. Sociale stijl en wendbaarheid

De Bia kan zorgen voor een goede relatie tijdens de communicatie met anderen door rekening te houden met hun 'sociale stijl'. De sociale stijl bestaat uit een aantal waarneembare gedragskenmerken. Als we contact maken met iemand, dan vallen ons bepaalde gedragskenmerken op, waar we ons meer of minder prettig bij voelen. In de privésfeer bepalen die voor een groot deel hoe het contact verder verloopt, en wat het vervolg zal zijn. We kunnen zelf kiezen.

Bij het werk van alledag in organisaties hebben mensen veelvuldig contact met elkaar, maar zijn daar niet altijd vrij in. Dan is het goed te weten, hoe de ander is, wat zijn voorkeuren zijn en hoe wij daarop kunnen inspelen om het contact goed te houden zodat het ook effectief is. Dat noemen we 'wendbaarheid': de Bia past zich enigszins aan, aan de sociale stijl van een ander.

We onderscheiden vier profielen die paarsgewijs tegenover elkaar staan. 'Inhouden' staat tegenover 'Uiten', 'Vragen' staat tegenover 'Stellen'. Het model daarvoor is van GITP (Gemeenschappelijk Instituut voor Toegepaste Psychologie).

- *Inhouden*: Is gericht op feiten. Geeft weinig prijs over privézaken en persoonlijke gevoelens. Maakt weinig gebaren en varieert weinig in gelaatsuitdrukkingen.

- *Uiten*: Praat over persoonlijke zaken en heeft weinig moeite met het bespreken van privézaken en het uiten van persoonlijke gevoelens. Maakt veel gebaren en varieert veel in gelaatsuitdrukkingen.

- *Vragen*: Praat weloverwogen, weinig nadrukkelijk en met pauzes. Laat anderen uitpraten, valt ze zelden in de rede. Houdt een slag om de arm. Zit wat achterover.

- *Stellen*: Praat zelfverzekerd, nadrukkelijk en snel. Valt anderen vaak in de rede. Zit wat voorover.

Plaatsen we deze vier profielen bij de hoekpunten van een assenstelsel, dan ontstaan vier kwadranten waarin de sociale stijlen passen (figuur 6.1). Deze sociale stijlen zijn: Analyticus, Stuurder, Aimabel en Expressief.

De gedragskenmerken die bij een sociale stijl horen passen bij de profielen van het kwadrant. Een relatie kan aanmerkelijk verbeteren als de informatieanalist beschikt over een zekere mate van wendbaarheid in de communicatie, waarbij hij soepel inspeelt op de sociale stijl van anderen.

Zo kan een analytische informatieanalist die een sturende manager interviewt, het gesprek beter bij grote lijnen en resultaatgericht houden dan diep ingaan op details. Voor details kan hij beter iemand anders interviewen, de manager zal hem daarbij zeker willen adviseren.

Het is dus belangrijk om te weten wat de ander wil, waar zijn voorkeuren liggen. In figuur 6.2 hebben we, naast de gedragskenmerken, aangegeven hoe we elke sociale stijl het best kunnen benaderen.

Inhouden

Analyticus	Stuurder
Gericht op feiten, logica en structuur, vermijdt risico's, zoekt zekerheid, is grondig.	Neemt de leiding, beslist snel, zoekt uitdagingen, is resultaatgericht.

Vragen ——————————————————————— Stellen

Begeleidt en geeft raad, ondersteunt, straalt vertrouwen uit.	Stimuleert en motiveert, deelt ideeën, en enthousiasme.
Aimabel	Expressief

Uiten

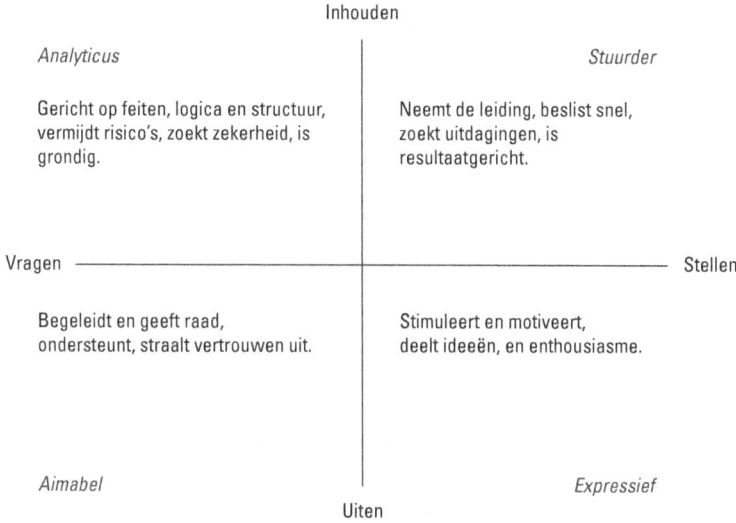

Figuur 6.1   Sociale stijlen en gedragskenmerken, gebaseerd op het GITP-model (bron: GITP)

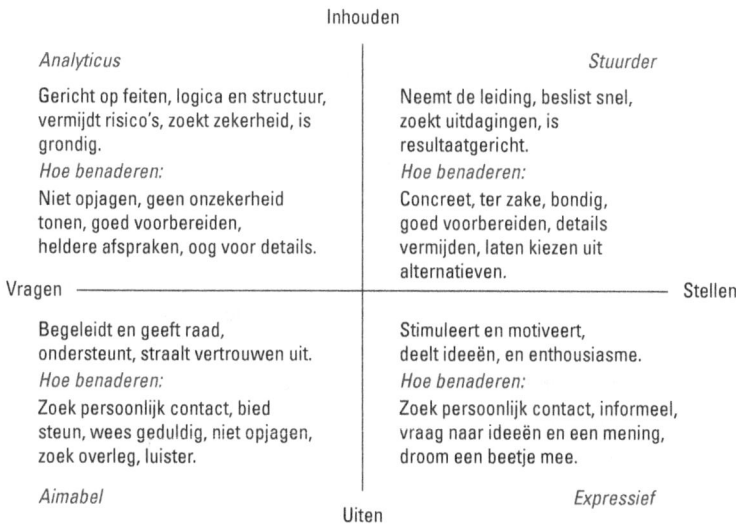

Inhouden

Analyticus	Stuurder
Gericht op feiten, logica en structuur, vermijdt risico's, zoekt zekerheid, is grondig.	Neemt de leiding, beslist snel, zoekt uitdagingen, is resultaatgericht.
Hoe benaderen:	*Hoe benaderen:*
Niet opjagen, geen onzekerheid tonen, goed voorbereiden, heldere afspraken, oog voor details.	Concreet, ter zake, bondig, goed voorbereiden, details vermijden, laten kiezen uit alternatieven.

Vragen ——————————————————————— Stellen

Begeleidt en geeft raad, ondersteunt, straalt vertrouwen uit.	Stimuleert en motiveert, deelt ideeën, en enthousiasme.
Hoe benaderen:	*Hoe benaderen:*
Zoek persoonlijk contact, bied steun, wees geduldig, niet opjagen, zoek overleg, luister.	Zoek persoonlijk contact, informeel, vraag naar ideeën en een mening, droom een beetje mee.
Aimabel	Expressief

Uiten

Figuur 6.2   Hoe mensen te benaderen, gebaseerd op het GITP-model (bron: GITP)

De mate waarin de Bia zich wendbaar opstelt moet natuurlijk wel blijven passen bij zijn eigen sociale stijl. Daarbij kan het voorkomen dat niet alleen de Bia zich wendbaar opstelt, maar ook zijn gesprekspartner, wat een goede communicatie bevordert.

In de adviezen onder 'hoe benaderen' zien we enkele malen 'goed voorbereiden'. Dat geldt natuurlijk altijd. Een goede voorbereiding zorgt voor structuur en houvast in de communicatie.

2. Mondeling en schriftelijk communiceren

Wendbaarheid biedt voordelen bij elke vorm van communicatie, of die nu mondeling of schriftelijk is. Tot de mondelinge communicatievormen rekenen we het interview, de presentatie en de vergadering. Schriftelijke communicatievormen zijn de enquête en het verslag of het rapport.

Mondelinge communicatie wordt in het algemeen gevolgd door schriftelijke vastlegging, omdat er anders geen bewijs is.

Schriftelijke communicatie wordt in het algemeen gevolgd door een mondelinge bespreking van de inhoud, conclusies en aanbevelingen.

Schriftelijke communicatie in de vorm van een enquête kan handig zijn in gevallen dat we aan een grote groep mensen dezelfde vragen moeten voorhouden. We laten de tijdwinst dan opwegen tegen de nadelen van het gemis aan persoonlijk contact. Dat laatste kan overigens altijd nog volgen als daar aanleiding toe bestaat.

Een rapport of verslag moet antwoord geven op de volgende vragen:
- Waarom werd het werk gedaan, en waaruit bestond het?
- Welke resultaten zijn bereikt, en wat betekenen die?
- Moeten er acties op volgen, en zo ja, door wie, wanneer enzovoort.

Het gebruik van een template zorgt voor een bekende en vertrouwde structuur. In hoofdstuk 2 zagen we zo'n template voor een rapport van het business- en informatieanalysetraject. Natuurlijk moet elk rapport of verslag worden voorzien van titel, auteur, datum, versieaanduiding en verzendlijst.

Met weerstand om kunnen gaan

Veranderingen helpen doorvoeren behoort tot het normale werk van een Bia. Het is belangrijk dat de Bia al in een vroeg stadium het management wijst op de verantwoordelijkheid die ze moet nemen in het geven van tekst en uitleg aan betrokkenen. Anders zit hij zelf mogelijk met onbegrip en tegenwerking. Daarnaast moet ervoor gezorgd worden dat de betrokkenen de kans krijgen om aan de veranderingen te wennen, door goede instructies en opleiding. Een succesvol uitgevoerd pilotproject kan hierbij erg nuttig zijn.

Verder moet de Bia goed luisteren, open communiceren, de taal van de gebruiker spreken en feedback geven. Als niettemin weerstand ondervonden wordt, moet hij dat bespreken met de projectmanager of projectleider en het lijnmanagement.

6.6   Uit de praktijk

In veel organisaties zijn structuren (zoals vastgelegd in een organogram), verantwoordelijkheden en bevoegdheden niet goed vastgelegd. Vaak ontbreekt een organogram, en als dat er al is, wijkt de informele organisatie af van de formeel vastgelegde. Opletten dus bij het gebruik hiervan bij het opstellen van requirements.

Bij mondelinge communicatie is het belangrijk dat de initiatiefnemer (de Bia) de lijn die hij heeft voorbereid in het oog houdt, goed luistert, inspeelt op vragen en antwoorden, aandacht heeft voor non-verbale signalen en regelmatig samenvattingen geeft van conclusies, afspraken en acties.

Omdat het moeilijk is om dit alles in één persoon te verenigen, is het aan te bevelen dat de Bia een notulist meeneemt in situaties dat hij een interview houdt, een presentatie geeft of een vergadering leidt. De notulist kan alles bijhouden, de lijn van de communicatie met hem samen in de gaten houden en de samenvattingen verzorgen. Uit de aantekeningen van de notulist kan dan een verslag worden samengesteld.

Schriftelijk rapporteren moet altijd zorgvuldig en respectvol gebeuren. Elektronische verzending naar een lijst van geadresseerden is inmiddels de gewoonte geworden, maar leidt gemakkelijk tot het doorsturen naar personen die geen kennis van de inhoud mogen nemen. De Bia moet daarom altijd nadrukkelijk aangeven dat de informatie door geadresseerden vertrouwelijk behandeld dient te worden.

7 Casestudies

7.1 Inleiding

In dit hoofdstuk beschrijven we enkele casestudies (geen opdrachten, maar besprekingen). Elke casestudie gaat in op een specifiek deel van het werkterrein van de Bia.
- Case Bankautomaten. Deze case gaat over de impact van een organisatieverandering, en het plaatsen daarvan in de doel-middelenhiërarchie.
- Case Vervoersbedrijf. Deze case gaat over het modelleren van bedrijfsprocessen en business classes.
- Case Klinisch laboratorium. Deze case gaat over toepassing van Six Sigma in een ziekenhuis.
- Case Eindverwerking van randapparaten. Deze case gaat over modelleren van bedrijfsprocessen met IDEF0.

7.2 Bankautomaten

Anno 2015 zijn de volgende veranderingen waarneembaar in de geldstromen bij banken:
- Klanten nemen minder vaak contant geld op bij geldautomaten.
- Klanten betalen (pinnen) steeds vaker via betaalautomaten.
- Klanten boeken vaker geld over via internetbankieren.
- Naast zakelijke klanten maken nu ook particuliere klanten steeds vaker gebruik van stortingsautomaten.
- Klanten bezoeken nauwelijks nog kantoren van de bank.

Consumenten regelen dus meer bankzaken via internet en mobiele applicaties, waardoor er minder behoefte aan contant geld is. Voor banken zijn geldautomaten duur. Bovendien vallen ze regelmatig ten prooi aan vandalisme.
Tegelijkertijd ontstaan er in de markt voor betalingsverkeer ook nieuwe manieren om te betalen. Zo werken banken al enige tijd met contactloos betalen. Speciale bankpasjes met een ingebouwde chip hoeven consumenten alleen nog in de buurt van een pinautomaat te houden om te betalen.
Ook producenten van mobiele telefoons Apple en Samsung werken met chips in telefoons. Op die manier kunnen consumenten via een app betalen.

Door deze ontwikkelingen voelen banken zich genoodzaakt de volgende strategische keuzes te maken:
- Drastische vermindering van het aantal geldautomaten;
- Sluiting van een groot aantal bankfilialen en kantoren.

De vraag is, wat de te verwachten gevolgen zijn op de niveaus van de organisatie, bedrijfs-processen, informatievoorziening, ICT-systemen, hardware, software en netwerken. Hier volgt een overzicht daarvan.

Niveau: organisatie

Men zal de contracten met geldtransporteurs moeten herzien.

Klanten zullen minder geldautomaten en minder kantoren als vermindering van service zien, ook al maken ze er weinig gebruik van. Met name klanten in dun bevolkte gebieden zullen klagen. Om klanten enigszins tegemoet te komen doen banken er goed aan onder-ling afspraken te maken over de plaatsing van geldautomaten, om zo tot een aanvaardbare spreiding te komen, zonder dubbeling (meerdere automaten van verschillende banken dicht bij elkaar).

Niveau: bedrijfsprocessen

Minder kantoren betekent minder arbeidsplaatsen. De mensen die nog wel behouden kun-nen blijven, zullen in een breder werkterrein hun werk moeten doen, waarbij een verschui-ving zal plaatsvinden van uitvoerend naar adviserend. Daar is opleiding voor nodig. Voor mensen die moeten afvloeien moet er een regeling, een sociaal plan, komen.

Niveau: informatievoorziening

Er moet veel uitleg worden gegeven over het 'hoe en waarom' van de veranderingen die plaatsvinden, en er moet duidelijk worden gemaakt waar men met vragen en klachten te-recht kan.

De informatievoorziening zal ook een ander karakter krijgen: gericht op klanten die thuis hun betalingsverkeer regelen, hun hypotheken aanpassen, beleggingen regelen enzovoort.

De kantoren die open blijven krijgen vrijwel zeker te maken met meer bezoeken dan voor-heen, omdat ze de bezoekers van gesloten kantoren erbij krijgen.

Niveau: ICT-systemen

Verschuiving van cash betalingsverkeer naar elektronisch betalen stelt hoge eisen aan de ICT-systemen. Deze moeten gegarandeerd veilig en betrouwbaar zijn, bestand tegen aanval-len van cybercriminelen. Daarnaast moeten de systemen voortdurend worden aangepast omdat klanten de handelingen overnemen die voorheen door kantoormedewerkers werden verricht. Klanten 'bankieren zelf' dus moeten de systemen functionaliteiten bieden die dit mogelijk maken, en wel op een manier die voor alle klanten toegankelijk (eenvoudig te begrijpen) is.

Niveau: hardware, software en netwerken

Wat voor ICT-systemen geldt, geldt ook voor hardware, software en netwerken. Men kan de afbouw van geldautomaten gefaseerd aanpakken, door een deel ervan in eerste instantie te verplaatsen naar supermarkten. De beschikbaarheid is dan natuurlijk geen 7 dagen in de week en 24 uur per dag meer, maar de kans op vandalisme vermindert, omdat er in de regel nogal wat kijkers zijn.

Voor elke bank is het voorgaande een ingrijpende operatie. Eén bank zal als eerste maatregelen nemen. De andere banken zullen spoedig volgen, en soortgelijke maartregelen nemen. Veranderingen als deze moeten met de grootst mogelijke zorg worden voorbereid, omdat grote groepen klanten, medewerkers en stakeholders er de gevolgen van ondervinden.

7.3 Vervoersbedrijf

In de sector 'Transportmiddelen' van een vervoersbedrijf wil men processen waar nodig verbeteren. Men heeft een begin gemaakt met het beschrijven van de huidige situatie. Dat heeft geresulteerd in:
1. Een business event list.
2. Een business use case diagram.
3. Beschrijvingen van de basiswerkstromen in de use cases.
4. Een beschrijving van de alternatieve werkstromen in de use case, waarin onderhoud van voertuigen plaatsvindt, aangevuld met een BPD.

Event list

Nr	Naam	Soort	Acties
1	Planning regelt service* aan voertuig	Stroomevent	Service afspreken en uitvoeren
2	Marketing & Commercie contracteert	Stroomevent	Vastleggen voertuig en chauffeur voor vervoersopdracht
3	Het is tijd om onderdelen bij te bestellen	Tijdevent	Onderdelen bestellen en ontvangen
4	Management vraagt inzetbaarheid op	Stroomevent	Overzicht maken van voertuigen die wel en niet inzetbaar zijn

* In overleg met de opdrachtgever is besloten, de term 'service' te gebruiken voor zowel onderhoudsbeurt als herstelwerk

Figuur 7.1

Business use case diagram

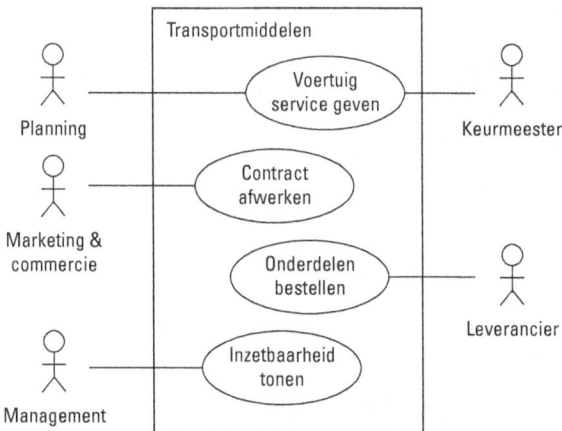

Figuur 7.2

Use case naam	Voertuig service geven	
Werkstromen		
Basiswerkstroom	Alternatieve werkstroom 1 [met APK en goedkeuring]	Alternatieve werkstroom 2 [onderdelen niet aanwezig]
1. Organisatie plant datum/tijd	Idem	Idem
2. Organisatie meldt voertuig af	Idem	Idem
3. Organisatie biedt voertuig aan	Idem	Idem
4. Organisatie haalt onderdelen af	Idem	Idem
5. Organisatie voert service uit	Idem	Organisatie meldt voorraadprobleem
6. Organisatie meldt voertuig weer aan	Keurmeester voert APK-keuring uit	-
7. -	Organisatie meldt voertuig weer aan	-

Het zal duidelijk zijn dat nog niet alle alternatieve werkstromen beschreven zijn; het voertuig kan bijvoorbeeld worden afgekeurd. En wellicht kan, in geval van een voorraadprobleem, naar vervangende onderdeeltypen worden gezocht, mits informatie daarover natuurlijk beschikbaar is.

BPD 'Voertuig service geven'

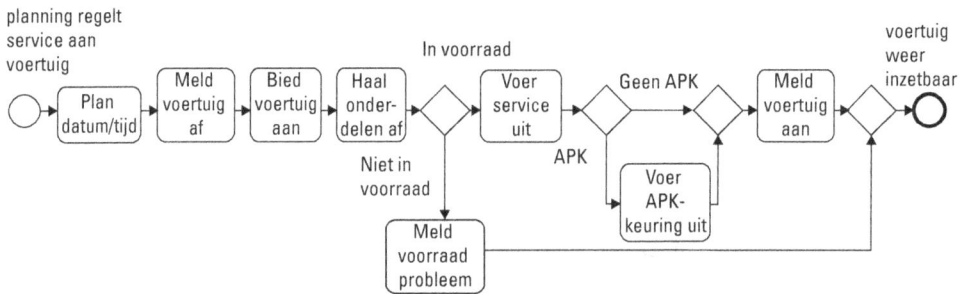

Figuur 7.3

Van de overige use cases volgen nu alleen de basiswerkstromen.

Use case naam	Contract afwerken
Werkstromen	
Basiswerkstroom	
1. Organisatie selecteert voertuig met gevraagde eigenschappen	
2. Organisatie contracteert voertuig	
3. Organisatie contracteert chauffeur	
4. Organisatie bevestigt contract	

Use case naam	Onderdelen bestellen
Werkstromen	
Basiswerkstroom	
1. Organisatie beoordeelt voorraadpositie van onderdeeltype (voor alle onderdeeltypen)	
2. Organisatie plaatst bestelling	
3. Leverancier levert onderdelen	
4. Organisatie verwerkt ontvangst	

Use case naam	Inzetbaarheid tonen
Werkstromen	
Basiswerkstroom	
1. Organisatie berekent inzetbaarheid	
2. Organisatie toont inzetbaarheid	

Naast al het voorgaande heeft men per business use case een ER-submodel opgesteld in Martin-notatie, met objecttypen (business classes) en relatietypen, eerst nog met alleen de maximumaanduiding in de multipliciteit, en nog zonder attribuuttypen.

Submodel 'Voertuig service geven'

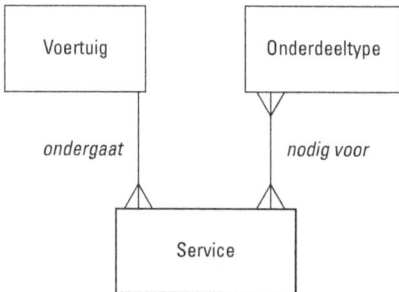

Figuur 7.4

Submodel 'Contract afwerken'

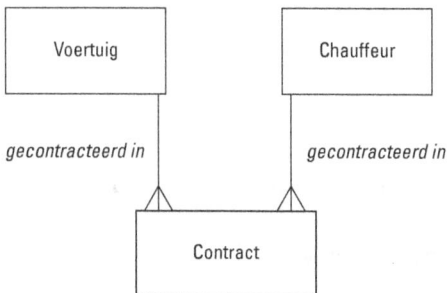

Figuur 7.5

Submodel 'Onderdelen bestellen'

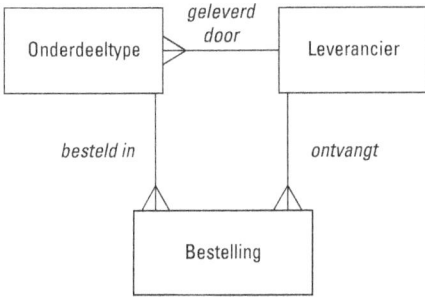

Figuur 7.6

Submodel 'Inzetbaarheid tonen'

Figuur 7.7

De afzonderlijke submodellen samengevoegd tot één objectmodel (model van business classes) voor Transportmiddelen levert het volgende beeld:

Objectmodel 'Transportmiddelen'

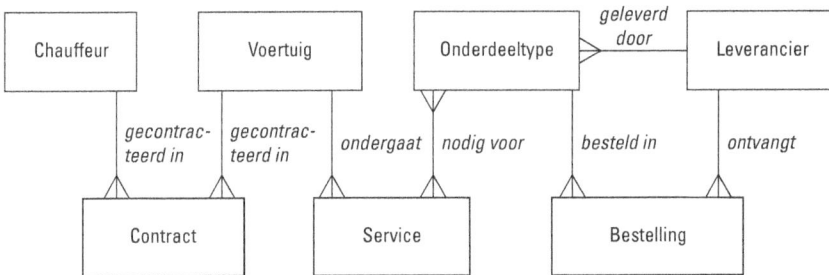

Figuur 7.8

Het objectmodel van de sector 'Transportmiddelen', uitgebreid minimumaanduidingen in de multipliciteit, en met de belangrijkste attribuuttypen levert het volgende beeld:

Tot zover de huidige situatie.

Het vervoersbedrijf wil af van de situatie dat onderdelen bij vaste leveranciers worden ingekocht. Onderdelen moeten worden ingekocht bij leveranciers met de laagste prijzen en de kortste levertijden.

Voorraden moeten volgens strikte regels in de hand worden gehouden: er moet een maximale voorraad per onderdeeltype zijn. Zakt de voorraad onder een bepaald niveau, dan moet worden bijbesteld met een vaste hoeveelheid. Het voorraadbeheer moet 'lean' worden: niet te veel voorraad, maar ook niet te weinig.

Tijdig reserveren van onderdelen voor periodiek onderhoud is een vereiste.

Objectmodel 'Transportmiddelen'

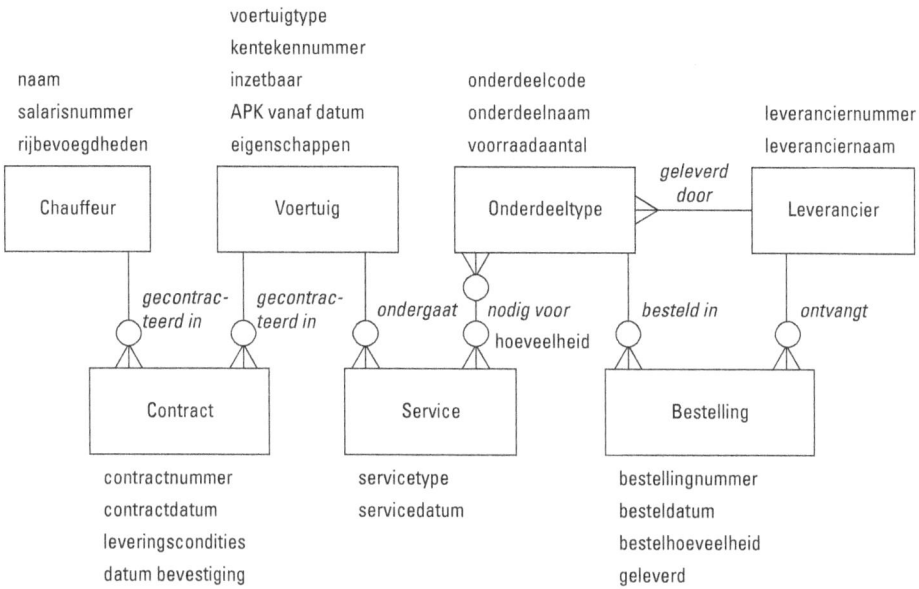

Figuur 7.9

Het volgende objectmodel bevat de aanpassingen die nodig zijn om aan de hiervoor genoemde wensen te voldoen. De aanpassingen zijn in kleur gemarkeerd.

'Transportmiddelen', modelaanpassing

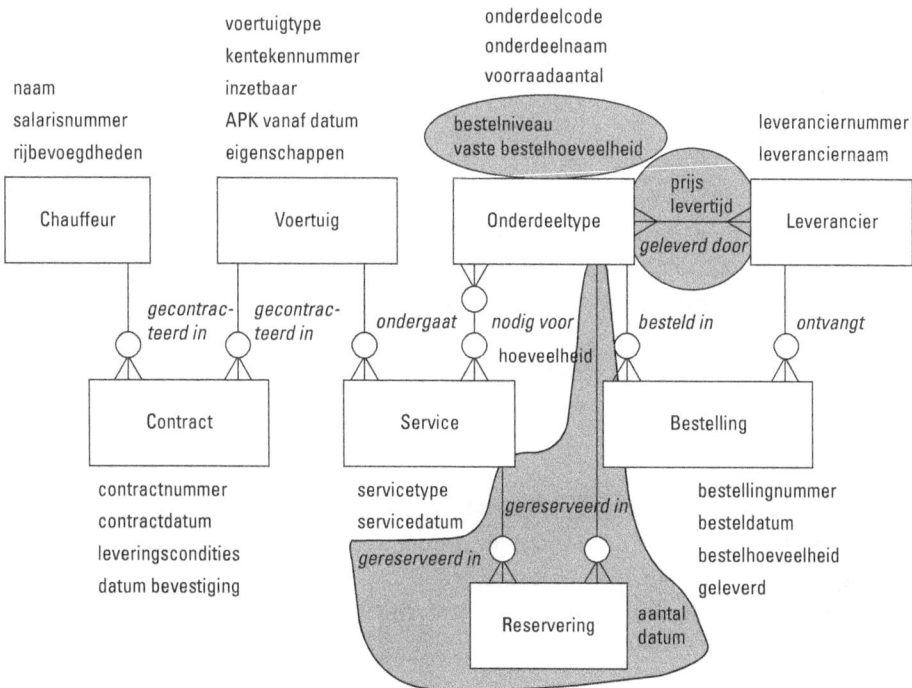

Figuur 7.10

7.4   Klinisch laboratorium

Alles wat te maken heeft met het stellen van diagnoses, zoals het maken van CT-scans en alle laboratoriumonderzoeken vormt een belangrijke post op de begroting van een ziekenhuis.

Een belangrijk probleem waarvoor het laboratorium zich geplaatst ziet is het hoge aantal spoedmonsters. Deze zijn alleen bedoeld voor levensbedreigende situaties, maar de praktijk is dat ook in minder bedreigende situaties spoedmonsters worden aangevraagd.

Het aandeel spoedmonsters in het totaal van alle gevraagde monsters ligt rond de 20%, terwijl men 5% eigenlijk al teveel vindt.

De overtuiging bestaat dat te vaak het label 'spoed' wordt geplakt op een aanvraag. De gevolgen daarvan zijn, dat:

- vertraging optreedt in andere analyses, die ook vaak snel moeten gebeuren;
- het routinematige werk verstoord wordt;
- vertraging in het krijgen van uitslagen stimulerend werkt op het aantal spoedaanvragen.

In termen van Lean Six Sigma kan het teveel aan spoedaanvragen beschouwd worden als een defect, omdat uitslagen van veel onderzoeken te laat bekend worden.

Om een en ander te verbeteren kiest men ervoor, de DMAIC-cyclus te doorlopen: Define, Measure, Analyze, Improve en Control.

Define

Om tot een kwalitatief goede werkuitvoering te komen besluit men dat:

- uitslagen van niet-spoedeisende onderzoeken binnen twee uur bekend moeten zijn (gerekend vanaf binnenkomst in het laboratorium);
- uitslagen in gevallen van spoed binnen één uur bekend moeten zijn;
- het aantal spoedaanvragen wordt gereduceerd tot niet meer dan 5% van alle gevallen.

Measure

Men volgt de spoedaanvragen nauwkeurig, door te registreren wie ervoor verantwoordelijk is (welke afdeling, welke arts). Daarnaast heeft men een piepsysteem geïntroduceerd voor de spoedaanvragen: ze worden gealarmeerd als de uitslag na 45 minuten nog niet bekend is. Daarmee blijft men ruim binnen de marge van 1 uur, die geldt voor levensbedreigende situaties.

De verwachting is dat Six Sigma, met een percentage defecten van 0,00034, voor het laboratorium te hoog gegrepen is. Men streeft naar 5%, in de buurt van 3 sigma.

Analyze

Men denkt het niveau van 3 sigma te kunnen bereiken door:

- de pieken in bloedmonsters na prikrondes (in de ochtend) op te heffen, en een betere spreiding van bloedmonsters over de dag te bereiken;
- de verhouding spoedmonsters versus routineonderzoeken te verbeteren.

Improve

Men wacht niet tot het einde van de eerste prikronde (in de ochtend) met doorsturen van bloedmonsters naar het lab, maar geeft die tussentijds al door. Daardoor ontstaat een rustiger beeld in de verwerking. Daarnaast groepeert men de analyseapparaten zodanig, dat de efficiency verbeterd wordt.

Wat betreft de vermindering van spoedaanvragen voert men een budgetteringssysteem in. Afdelingen die spoed vragen, worden extra doorbelast.

Control

Alle afdelingen in het ziekenhuis zijn betrokken bij de beoogde procesverbetering. De onder 'Define' genoemde doelen worden continu gemonitord en bewaakt. Het aantal spoedonderzoeken is inmiddels gehalveerd, maar de target blijft 5%.

Concluderend kan gesteld worden, dat Lean Six Sigma ook goed toepasbaar is in ziekenhuizen. Het klinisch laboratorium is daarvan een voorbeeld. Verwacht mag worden dat ook in de medicijnensector (inkoop, beheer en verstrekking van medicijnen) verbeteringen te realiseren zijn. In de poliklinieken zijn wachttijden vaak een probleem. Terugdringen daarvan levert voor een ziekenhuis wellicht geen besparingen op, maar de klanttevredenheid neemt wel toe, en de verzuimkosten die patiënten moeten maken worden verlaagd. Gaat het om specifieke zorg, dan zullen de behaalde resultaten soms minder spectaculair zijn dan in bijvoorbeeld productiebedrijven en financiële instellingen. Een operatie heeft nu eenmaal haar tijd nodig. Maar de logistiek eromheen kan vaak wel verbeterd worden.

7.5 Eindverwerking van randapparaten

De eindverwerking van randapparaten voor personal computers bestaat uit het controleren van de werking, het verpakken en het uitvoeren van een steekproef, alles conform de daarvoor opgestelde productspecificaties. Randapparaten die defect zijn, worden afgevoerd, werkende apparaten worden verpakt. Bij het verpakken worden extra materialen toegevoegd die per producttype verschillend zijn, zoals batterijen (voor bijvoorbeeld draadloze muizen),

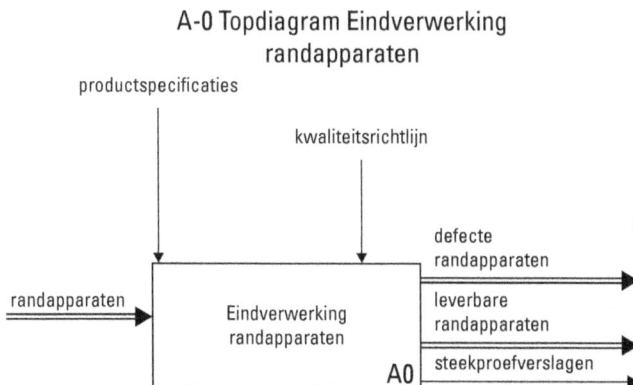

Figuur 7.11

USB-adapters, gebruiksaanwijzingen en garantiebewijzen. Om de kans op fouten te ver-
kleinen opent men, volgens richtlijnen van het kwaliteitsmanagement, steekproefsgewijs de
verpakkingen. Meestal zijn de apparaten leverbaar, maar als blijkt dat materialen ontbreken,
wordt het verpakken voor het betreffende apparaat opnieuw uitgevoerd. Van elke steekproef-
controle wordt een verslag gemaakt.

Het A-0 Topdiagram en A0 diagram voor bovenstaande procesbeschrijving zien er als volgt
uit:

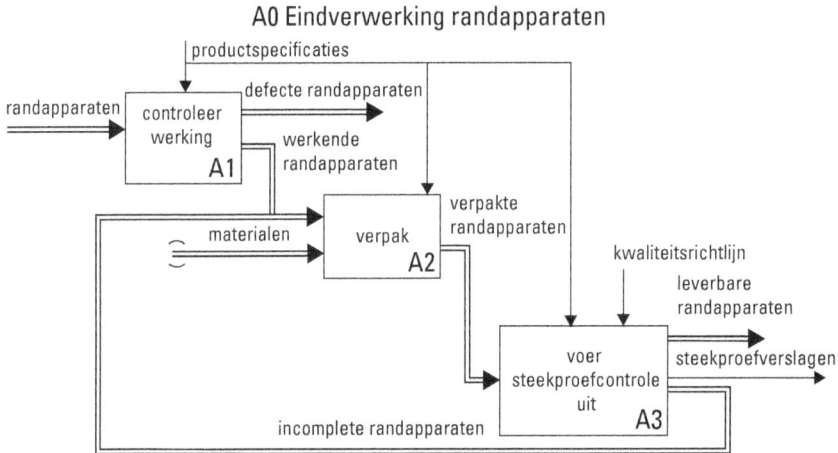

Figuur 7.12

Merk op, dat er haakjes zijn geplaatst rond het beginpunt van de stroom 'materialen' bij activiteit A2. Daarmee geeft men aan dat deze stroom op het parent-diagram, in dit geval het
A-0 Topdiagram, niet vermeld wordt (om details op dat niveau te vermijden).
Plaatsen van haakjes rond een pijlpunt heeft het tegenovergestelde effect. Hiermee geeft men
aan dat de stroom in de decompositie van de betreffende activiteit niet vermeld wordt.

Literatuur

Boeken

Akker, T. van den, 2012, *Verandermanagement – Basisprincipes en praktijk*, Van Haren
Publishing (gaat in op alle belangrijke zaken die te maken hebben met veranderingen in
organisaties en het verandermanagement dat daarbij wordt ingezet.)

Boer, S. den, Harteveld, M., e.a., 2006, *Six Sigma for IT Management,* Van Haren
Publishing (Geeft zicht op wat Six Sigma en ITIL kunnen betekenen, en hoe deze
methoden elkaar aanvullen.)

Hedeman, B., Vis van Heemst, G., Fredriksz, H., 2014, *Projectmanagement op basis van
PRINCE2 Editie 2009 2de geheel herziene druk,* Van Haren Publishing (Een praktische
introductie van de PRINCE2 methode voor projectmanagement.)

Kotter, J., Rathgeber, H., 2007, *Onze ijsberg smelt!,* Business Contact (Omgaan met
veranderingen en crisissituaties.)

Muller, P., 2011, *IT voor managers,* Van Haren Publishing (Overzicht van ontwikkelingen
binnen de IT, voor managers en ieder ander die zelf geen IT'er is)

Obers G.-J., Achterberg, K., 2014, 2de herziene druk, *Grip op processen in organisaties*, Van
Haren Publishing (Analyseren, ontwerpen en inrichten van processen in organisaties.)

Pollaert, W., Ruigrok, K., 2007, 2de druk, *Informatieanalyse – De brug van bedrijfsdoelen
naar ICT-oplossingen,* Thema (Beschrijft het hele domein van de definitiestudie en het
vooronderzoek.)

Robertson, S, Robertson, J., 2014, *Mastering the Requirements Process,* Addison Wesley
(Verzamelen en verifiëren van requirements, met oog voor agile ontwikkelomgevingen.)

Ruigrok, K., Bosschers, E., 2014, *De functioneel beheerder en BiSL,* Van Haren Publishing,
(Beschrijft Business informatiemanagement als schakel tussen de gebruikerskant en de
technische kant, gebruik makend van het BiSL-framework.)

Til, P. van, Rooij, T. de, 2008, *Business Intelligence*, Academic Service (Business intelligance
en data warehouse-technologie.)

Warmer, J., Kleppe, A., 2014, *Praktisch UML*, Pearson, (Handleiding voor het toepassen
van de Unified Modeling Language (UML), de standaard voor object georiënteerde
analyse en ontwerp.)

Websites

www.ibm.com/software/nl/rational
http://www.omg.org/bpmn/index.htm
http://www.rupopmaat.nl
www.uml.org
http://www.volere.co.uk/

Index

www.ingramcontent.com/pod-product-compliance
Lightning Source LLC
Chambersburg PA
CBHW072000220326
41599CB00034BA/7059